王维传

青少插图版

夏岚 —— 著

民主与建设出版社
·北京·

使至塞上

单车欲问边,属国过居延。
征蓬出汉塞,归雁入胡天。
大漠孤烟直,长河落日圆。
萧关逢候骑,都护在燕然。

王维

送元二使安西

渭城朝雨浥轻尘，客舍青青柳色新。
劝君更尽一杯酒，西出阳关无故人。

王维

九月九日忆山东兄弟

独在异乡为异客,每逢佳节倍思亲。
遥知兄弟登高处,遍插茱萸少一人。

王维

山居秋暝

空山新雨后，天气晚来秋。
明月松间照，清泉石上流。
竹喧归浣女，莲动下渔舟。
随意春芳歇，王孙自可留。

王维

鹿柴

空山不见人,但闻人语响。
返景入深林,复照青苔上。

王维

● 序　文字清芬掬一饮 / 001

● 卷一　独在异乡为异客

　　第一节　王家新丁 / 006
　　第二节　幼年丧父 / 010
　　第三节　孤身长安 / 017
　　第四节　重阳思亲 / 023
　　第五节　少年游侠 / 027

● 卷二　平交王侯春风意

　　第一节　痛失知音 / 030
　　第二节　同气相求 / 036
　　第三节　平交王侯 / 041
　　第四节　进士及第 / 046
　　第五节　曲江游宴 / 051

● 卷三　初登仕途惹牵累　　　　● 卷六　柴毁骨立孝子心

　　第一节　红豆深情 / 057　　　　　第一节　擢左补阙 / 156
　　第二节　初太乐丞 / 062　　　　　第二节　辋川幽居 / 163
　　第三节　殃及池鱼 / 068　　　　　第三节　酒朋诗侣 / 170
　　第四节　被出济州 / 075　　　　　第四节　塞北孤松 / 178
　　第五节　司仓参军 / 082　　　　　第五节　母丧丁忧 / 184

● 卷四　丧偶失子痛肝肠　　　　● 卷七　忍别青山自兹去

　　第一节　裴仆射碑 / 092　　　　　第一节　阳关三叠 / 193
　　第二节　屏居淇上 / 097　　　　　第二节　屈任伪官 / 200
　　第三节　王孟之交 / 106　　　　　第三节　晚年好静 / 208
　　第四节　爱妻亡故 / 112　　　　　第四节　前身画师 / 215
　　第五节　巴山蜀水 / 115　　　　　第五节　忍别青山 / 223

● 卷五　胸有丘壑写烟霞

　　第一节　诗献张相 / 121
　　第二节　怅望荆门 / 128
　　第三节　大漠孤烟 / 132
　　第四节　南选之行 / 140
　　第五节　南山隐居 / 146

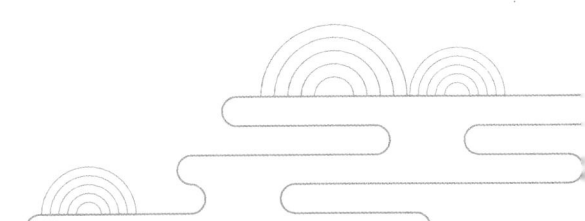

序　文字清芬掬一饮

他是幸运的。少年成名，科举及第，平交王侯，仕途通达，一生有诗、有酒、有友，还有禅。

他又是极不幸的。九岁失怙，二十一岁遭贬，三十一岁丧偶，三十年孤居，膝下无子，人生暮年险遭杀头之祸。

他，进则庙堂之高官拜右丞，看尽世间繁华；退则安居田园游赏山水胜景，乐享自然意趣。

他，工书画，擅音律，好园林，是大唐山水田园诗的集大成者，中国文人画的开山鼻祖。

他就是"诗佛"王维。

王维、李白和杜甫，是盛唐诗歌的三驾马车。人们常有"李白是天才，杜甫是地才，王维是人才"的美誉。相比于李白的孤傲，杜甫的沉郁，王维则更为温情、诗意和儒雅。

王维在作诗、作画、作乐方面，俱是传奇般的人物，有许多神奇的故事流传至今。《集异记》中的他，"妙年洁白，风姿都美"，翩翩风度正少年;《云仙杂记》中的他,"性好温洁,地不容浮尘",仿佛是从《诗经》中走来的谦谦君子;《唐才子传》中的他,仅凭一幅《按乐图》,就能知道图上乐师正在演奏的曲子。虽然传说不足为凭,但王维做一事精一事,不浅尝辄止、不敷衍了事的为学态度却是有目共睹。

"你眼里的世界的样子,就是你最真实的样子。"源于他的温雅性情,王维的山水田园诗,没有喧嚣冗杂的俗世乱象,没有蝇营狗苟的功名利禄,少有宦海浮沉的苦闷彷徨,而是一派纯净山水,云白山青,林鸟飞花,风和日丽,淡月轻霞。在他的笔下,既有明心见性的清淡,醍醐灌顶的了然,又有会心一笑的惬然,你唱我和的释然。那种独出机杼、切近人意的感觉,人人有同感,却人人道不出。"可与知者道,难与俗人言",自然而然,跃然纸上。

幽居辋川期间,王维山水田园诗创作达到巅峰。这些山水诗,既得山水意旨,又兼林泉雅趣之妙,得心应手,意到笔成,神采、风韵皆佳。

从小,我们读着王维的优美诗篇长大,"空山不见人,但闻人语响",在他美好的诗意里成长。

年长,当思念心仪的她(他)时,"红豆生南国,春来发几枝",我们会一遍遍地,红笺小字,在纸上、在心中,道出脉脉的情肠。

后来,当我们送别情投意合的好朋友时,心潮腾涌,溢出心扉的,不外乎这句"劝君更尽一杯酒,西出阳关无故人"。

当我们负重前行,成了客居他乡的游子时,总会因一句"独在异乡为异客,每逢佳节倍思亲"而心绪如麻,热泪盈眶。

在每一个看不到前途、濒临绝望的时刻,"行到水穷处,坐看云起时",一想到它,就让我们的内心充满平静的力量。

王维的诗风如香草一般秀美芳芬,他笔下的画,亦和他的诗品一样清纯。其内在神韵,超然于形迹以外。苏轼赞他:诗中有画,画中有诗,有如仙翮谢笼樊。

温润如玉的王维,于诗坛打下千年烙印。

其实,风华正茂的王维,也曾满腔热血,诗情如破土的笋尖、奔腾的大河、离弦的箭矢,蓬勃着青春的朝气和壮美。

"新丰美酒斗十千,咸阳游侠多少年""大漠孤烟直,长河落日圆",刚毅果敢的男儿血性,劲健雄浑的豪迈气度,力透纸背。

两次出塞问边,历经边塞烽烟的历练,让王维的诗歌在"清新淡远、自然脱俗"之外,兼而又有苍凉悲壮、豪迈开阔之气象,跻身于伟大诗人行列。

王维少小离家,长年漂泊在外,少有家室之乐。然而,他并没有因此疏离亲情,悲观厌世。他敦亲睦邻,孝悌忠信,格外看重骨肉亲情。以柔弱的双肩,背负起振兴家族的责任,尽心尽意地孝敬母亲,佑护年幼的弟弟妹妹长大成人。

在中国古代官场,男人三妻四妾的现象比比皆是,世人早已司空见惯,习以为常,而在王维这里,却是个例外。与他相亲相爱、鹣鲽情深的妻子因难产去世后,出入豪门府邸、仪表堂堂的王维,毫无悬念地受到众多贵族女子的青睐,但他洁身自好,三十年屏绝尘累,以"余生不娶"来表达对妻子一世的追念,这样的专一和深情令人为之动容。

虽然,妻子和母亲去世后,王维未曾有诗怀念她们,也未曾有祭文或碑铭留下来。然而白昼之光,岂知夜色之深。爱之深沉,伤之刻骨。世上存在着不能流泪的悲哀，这种悲哀，只能雪藏，拒绝倾诉。

性情敦厚温和的王维，对朋友之情亦分外看重。在待人接物方面，他始终保持一贯的热诚和用心，于不动声色间释放善意，不事张扬，却恰好温暖。他常和裴迪、储光羲、李颀、丘为等志同道合的好友一起，山水交游，弹琴赋诗，同气相求，来去相从，留下了很多优秀诗篇。

当理想和现实产生矛盾冲突的时候，有的人迎难而上，有的人就此沉沦。

作为艺术家，王维自有一双灵秀之目；作为诗人，王维拥有一颗悲悯之心。集儒家的风雅、道家的虚怀、佛家的慈悲于一身的他，拿得起，放得下，看得开。他将所有的情愫陈诉于诗，寄情于山水田园，将人生之悟、物事之理、禅道之机和自然万物相融相合，在诗中与自己的心灵和解，与尘世温柔相处。

也许，所谓的佛和禅，不是逃避，更不是放任，而是沉寂不平的心境，是超拔处世的智慧。

不管官场多么黑暗，仕途多么坎坷，王维始终保持着异常清醒的认知，秉持着自己的底线和操守，不同流合污，不助纣为虐。他"用之则行，舍之则藏"，在别人的世界顺其自然，在自己的世界独善其身。杜甫以"高人王右丞"赞之。

诚然，自洽于内心，得融于世俗，做喜欢的事，把它做到极致，何尝不是最大的快乐。

一个人，如若不被权钱捆绑，不陷入我执，就能活出自我，活出一种自己看见自己的境界。做自己的主人，何尝不是最令人称羡的自在。

世事纷纭，人间苦难深重。当下的快餐时代，浮躁又喧嚣。在时光难挨的时候，在遭遇磨难、不平的时候，不妨读读王维的故事，品品王维的诗，看看窗前的花，听听檐下的雨，吹吹野外的风。

糟糕到山穷水尽的时候，与其郁闷彷徨，不如坐看云起，停下来看看风景。

待收拾好了心情，就不会再忧虑和畏惧。山不转水转，或许是另一种机遇的崛起。

芸芸众生，需要有一些精神给养，一些诗意情怀，来安放肉身，颐养天性，从而获取无穷无尽的生趣和积极向上的能量。

人世有终，王维的清雅与风流，与辋川山水一般，山翠拂人衣，芳流无竭。

文字清芬掬一饮。让我们尽情读王维，读他的诗意、他的修为、他的豁达、他的通透和他的不妥协，让疲惫的心旌，超越世俗生活之上，抵达更为迷人的精神世界。

这一生，做喜欢之事，遣有涯之生，终归是一种宁静的踏实。

卷一 独在异乡为异客

第一节 王家新丁

武则天长安元年（公元701年），山西祁县古城的西街上，人来车往，和往常一样热闹喧腾，街旁红的花朵，绿的枝条，满眼跃动着春的消息。

西街中段的一处深宅大院内，脚步嘈杂，几个侍女进进出出，似乎在忙碌着什么。忽然，一声清亮的婴儿啼哭声从堂屋内传出来。众人皆松了一口气，心头巨石落地，满面的焦虑和担心，在这声啼哭中云散而去。他们眉梢含笑，一起向家主施礼庆贺。

最高兴的自然是家主王处廉。满面春风的他，大步流星地跨进内室，抱着襁褓中的婴儿，喜不自禁地来到妻子崔氏床前，和妻子一起细细端详怀抱中的小儿。望着孩童粉嫩的面颊，饱满的天庭，夫妻二人相视一笑，享受着初为人父、初为人母的欢喜。

春和景明，花好月圆，岁月是这样的安适美好。夫妇俩默默为他们的长子祈福，希望他快乐成长，一世无忧。

是啊，岂能不兴奋，怎能不高兴？王家喜添男丁，太原王氏后继有人，对于父亲王处廉而言，莫不是天大的喜事。

小王维有个好的家世，他的家族太原王氏，是当时的名门望族。

唐朝虽然是个开放、宽容的国度，但论及门第出身，却是等级森严，门第观念非常严重。身为名门望族中的一员，可以享受很多的特权和优厚的政治待遇。

诚然，这份特权和优厚待遇也是王家祖上几代人打下的基础。

凭借祖上建立的功勋，从汉朝开始，王家人就能在威严的朝堂之上站稳脚跟，享受一席之位。

王维的高祖父王儒贤，曾官至赵州司马。在唐朝，司马是州郡的佐官，协助州郡的最高长官刺史，一起来治理州事，职务不可谓不重要。

他的曾祖父王知节，在扬州做过司马；祖父王胄，曾是皇帝手下的协律郎，大唐王朝首屈一指的朝廷乐官。凭借深厚的音乐造诣，王胄弹得一手好琵琶，身手不凡，技艺冠绝天下。据说，听他弹奏琵琶，婉转高亢的乐曲声响起，连山中正在"叫嚣乎东西，隳突乎南北"的猛兽，都会停下狂奔的脚步，即刻隐去声响；连水中的游鱼都不想再摆动尾鳍，悄悄地停在水中，呆呆地听得入神，你说神奇不神奇？

王维的父亲王处廉，在汾州司马的职位上任职。他身材清瘦，恭敬有识，待人接物清雅温和，是个秉持忠孝、腹有诗书的读书人。

所以，用"世代簪缨"这个词来描绘太原王氏这一支，毫不为过。

我国古代自隋朝起，开始实行科举考试，提倡学而优则仕。寒门子弟十年苦读，"学成文武艺，货与帝王家"，可以有机会凭借自己的才能和实力，一举踏入仕途，改变命运，光宗耀祖，但依然改变不了世家大族独享崇高威望、优厚特权的社会现实。

在唐代，博陵崔氏、赵郡李氏、清河崔氏、范阳卢氏、荥阳郑氏、太原王氏、陇西李氏，一并称为"五姓七族"。

为保持高门贵族纯正的贵族血统，"五姓七族"秉持严格的族规，坚决拒绝和"五姓七族"之外的人家互通姻缘。

因此，就有了盛唐宰相薛元超平生的三件最大憾事：

一是不曾进士及第；

二是无缘娶"五姓"的女子为妻；

三是志修国史心愿未了。

即便自己做了高高在上的宰相，还是无法跻身贵族豪门。心愿难了，难怪薛元超薛大人怨意难平。

还有一则小故事，说的是唐文宗皇帝，有意和郑覃攀上亲戚，让人前去做媒，想让郑覃的孙女嫁给皇太子。在一般人的思维意识里，能成为皇亲国戚，那就是飞黄腾达，前途无量，这是多么好的运气加持。郑覃却不这样认为。位居"五姓七族"荥阳郑氏一族的郑覃，宁可把孙女嫁给当朝九品官的崔家，也不愿"下嫁"皇家，彻彻底底地辜负了皇帝的美意，让唐文宗大为失落，禁不住大发牢骚："民间修婚姻，不计官品而上阀阅。我家二百年天子，顾不及崔、卢耶？"

这堵无形之墙，连皇族、高官都被拒之门外，可见"五姓七族"在当时社会的重要地位以及深重影响。

所以，纵歌狂啸"安能摧眉折腰事权贵，使我不得开心颜"的大诗人李白，也不能免俗，大张旗鼓地高举"陇西布衣"的旗号，向从陇西发迹为王的李唐王朝紧密靠拢，祈愿借助这样的出身，可以谋个一官半职，借以实现致君尧舜、建功立业的远大理想。

太原王氏的家族地位已然足够显赫，王维的母亲崔氏，则出身于另一名门望族——博陵崔氏。所以，可以这样说，王维的血液里，流淌着一种与生俱来的高贵血统与气质，是同时代孟浩然、王昌龄等所不及的。

王维的父母非常重视孩子的日常教育。自幼年起，王维就开始接受正规化的贵族教育。父亲王处廉亲授诗文，富有艺术细胞的母亲不仅教他绘画，还向他传授佛经。

聪颖早慧的小王维，时时勤勉，严格要求自己，刻苦努力，勤学苦练，在儒家经典以及经史子集方面下了很多功夫。他过目成诵，出口成章，诗、书、画、音乐和舞蹈，无一不出类拔萃，风雅别具。

当然，这与父母言传身教、耳濡目染的良好熏陶是分不开的。茫茫人海，难得的是能遇到几位知己朋友，更难的是遇到一位灵魂相契的妻子。王维的父亲王处廉和母亲崔氏，两个人情投意合，琴瑟和鸣，极其知性善良，对孩子也极其温和。

王维的母亲崔氏，善良贤淑，是高僧大照禅师的俗家弟子，自幼吃斋念佛，独坐参禅，拥有一颗虔诚、包容的佛心。她非常感谢神佛赐予她这个聪颖可爱的长子，和丈夫商量后，遂为儿子取名王维，字摩诘，名和字合起来就是维摩诘。

维摩诘这个名字取自她经常诵读的一本书——《维摩诘所说经》。书中的维摩诘是一位在家里修行，法力高深的佛教著名居士。

在佛学修养方面，维摩诘居士造诣颇高，很多修行者不远万里，从四面八方赶过来向他虚心请教佛理。

心无挂碍天地宽。即便有妻子儿女，有着人间烟火，有着世俗生活的鸡零狗碎，维摩诘亦能保持平静温和、乐天安命的豁达。

这正是王维父母的心系所在。

这世上的每位父母，在为孩子命名的那一刻，都是这样心怀虔诚，爱意满满。

名字，如同一块深嵌于血脉之中的清晰胎记，希望可以护他一生周全；希望在他身处逆境时，为他积蓄温暖向上的力量；希望无论得意或者失意，喧嚣或者沉寂，他都能宁静守心，于平凡中收获不凡。

这是父母赐予孩子的最初的福佑。

多年之后，恰如双亲所愿，王维活出了维摩诘的自在清澹、宁静坦然，他进则积极入世官拜尚书右丞，退则琴棋诗画坐拥山水田园，让诗这根心灵的红线，自笔端倾吐，汇成历史长河中的一股清流。

第二节　幼年丧父

太原祁县，是一座风景秀丽的小城。小城青山逶迤，峰峦相依，静静的汾河水，穿过田野、农庄缓缓流淌，像不想惊动谁似的，宽阔的水面没有一点大的声响。汾河两岸惠风和畅，稻黍飘香。阳光温柔地洒落，草木蓊郁，树上的叶子一片翠绿，叶脉清晰，一片一片像画在画布上似的，有着生动的底色。

王家府邸是个二进院，前院有三间窗明几净的书房，书房的一旁是一尘不染的会客厅，后院有青砖灰瓦的房舍数间，屋宇高大威严，门楼、窗格上雕刻着花饰，古色古香，气派非凡。阶下石子漫成甬路，甬路两边竹林假山，曲折游廊。布局陈设谈不上奢华，林木花草亦不名贵，却井然有序，别有一番清宁幽静。

在这份清净安谧里，在父母春风化雨、无微不至的关爱呵护下，王维和他的弟弟妹妹"伸枝展叶"，茁壮成长。

相比弟弟妹妹而言，父亲王处廉对王维的要求更为严格。小小的王维毫无怨言，他总是那么懂事，乖巧可爱，他明白父亲的良苦用心，作为王家长子，自有一份重任在肩。

父亲居家的时候，父子俩一个大书桌，一个小书桌，面对面坐着读书习字。王维看书看累了，就看看对面手不释卷的父亲。父亲时不时会站起身走过来，伸出温暖的大手掌，拍拍王维瘦弱的双肩，帮助他调整坐姿。父亲讲："举止端庄，起居有常，饮食有节，方是男儿本色。"

小王维眨巴着亮亮的眼睛，微微颔首，告诉父亲他记下了。他牢记父亲的教诲，时刻警醒自己，规范自己的行为举止，"博学于文，约之以礼"。

所谓的父子情深，不仅因为亲情和血缘，还有骨子里深深的契合。

和父亲一样，他也是喜欢安静的人。他喜欢父亲温文尔雅、气宇轩昂的样子，喜欢父亲勤勉做事，有条不紊地处理公务的样子。"有匪君子，如切如磋，如琢如磨。"他觉得，父亲就是从《诗经·淇奥》中走出来的男子，他心目中的翩翩公子。他希望长大后的自己也能成为这样的"有匪君子"；希望自己像父亲一样有学问，有见识，建功立业，实现远大抱负；希望像父亲一样，受人尊敬。他还要为弟弟妹妹做个好榜样，让他们因他这个长兄而骄傲和自豪。

如此美好的心愿,他愿为此尽心竭力,加倍用心。

他是这样想的,并且身体力行,为实现这番美好的心愿对自己要求更加严格。

九岁的王维,在父亲的悉心教导下,已能提笔写诗文,遣词清丽,妙趣横生。

闲暇之余,王维会和二弟王缙跟着母亲崔氏学习书法和绘画。名门闺秀出身的崔氏,在书法、绘画方面造诣颇深。学习书画,既要有一定的天分,后天的勤奋也是不可或缺的。

太原的气候,四季分明,冬天冰天雪地,夏天暑热难当。无论寒冬酷暑,还是暖春凉秋,王维每天都早起读书,晚上则跟着母亲学习书法、绘画,从不偷懒耍滑。榜样的力量是无穷的,有他这个好哥哥的引领,弟弟王缙也不敢懈怠。兄弟俩有比有赛,不亦乐乎,书画水平一天比一天有起色,挥毫落纸间,如涌云烟。

更令父母惊喜的是,一个夏天的傍晚,明月朗照,星空如洗,一家人坐在廊檐下纳凉。王维看到父亲拿出祖父留下的琵琶小心擦拭,便跃跃欲试。他有模有样地抱起琵琶。父亲只是简单地教给他一些最基础的弹奏指法,他边听边记,随手拨弄一番琴弦,不承想,一首音律谐美、悦耳动听的小曲自然天成,盈盈入耳。

有一种资质叫天赋异禀。小王维继承了祖父的遗风,在音乐艺术方面无师自通,实在难得。

此后,王家大院除了书声、笑声,还会传出一阵阵悠扬的琵琶声,过路的行人都会驻足聆听,连回家都忘记了。

庭院深深。院落内父母勤俭持家,孩子勤学上进,书声琅琅,笑声朗朗,乐声悠扬,幸福的定义其实就是如此简单。

可是,没人知道明天的太阳会不会照常升起,意外会不会突然降临。世事无常，时不时在你毫无防备的时候，给你当头一棒。

那天，王维和二弟王缙端坐在书房，跟着私塾先生诵读儒家经典。母亲崔氏坐在厅堂里，一边照看孩子，一边穿针引线，和几个女仆一起做针黹女红。崔氏正在为丈夫做一件夹衫，一针一线，密密麻麻。突然，手里的针一抖，一不小心扎在左手的食指尖上，一阵钻心的疼痛，让她心底一惊。

这时，门外传来一阵杂乱的脚步声，继而响起一阵急促的敲门声。大门打开，跟随王处廉多年的仆人王喜，跟跟跄跄地走进来。

他扑通一声跪倒在地，老泪纵横。崔氏惊惧万分，连忙扶他起身，询问何事慌张。

王喜一边用宽大的袖子抹着脸上的汗水和泪水，一边泣不成声地向崔氏禀告："老爷最近公务繁忙，今天才有时间赶回来。谁知，在从汾州回来的路上，忽然从马鞍上栽倒在地，昏迷不醒。赶紧让人快马去请医官，可医官也无能为力，老爷他……"

犹如晴天霹雳！闻此噩耗，崔氏惊叫一声："夫君！"当即脸色煞白，晕厥在地。闻声过来的仆人们顿时如热锅上的蚂蚁一般乱作一团，有的忙着掐人中，有的跑去叫医官，几个孩子吓得不知所措，哭喊声一片。

早有人将此消息禀于书房里的王维和王缙兄弟俩，他们匆匆忙忙从书房跑出来，王维半跪着扶起母亲，王缙和弟弟妹妹拉着母亲的手，摇晃着叫着喊着，孩子们稚嫩的嗓子都喊哑了。

大约一刻钟的工夫，崔氏才苏醒过来。一点血色在她面如白纸的脸上慢慢晕开，她缓缓睁开眼睛，望着紧闭的大门，眼神空洞，毫无生气。好一会儿才缓过神来，看着偎依在身边的孩子们，一语心碎地哽咽，泪盈于睫，滚滚滑落。而后，她紧紧地把几个孩子拥在怀里。

她的夫君就这样去了，连最后一面也没有见到，一句话也没有给她留下，就这样不辞而别，生死相隔。她的天塌了，王家的天塌了。

年幼的孩子们尚不懂得生死之别，他们看见母亲醒了，遂停止了哭泣，安静地偎依在母亲怀里，不敢言语。

这些孩子还未成人，之后就再也不会有父亲的陪伴了，王家失去王处廉这棵参天大树，以后的生活该如何着落。

崔氏想任由自己将寒夜坐尽，油尽灯枯，追随夫君，一起遁入隔世的黑暗。可面对七个幼子的惶然无助，心如刀割的她，几多不忍。

她告诫自己不能倒下。夫君走了，她便是孩子们唯一的亲人，不管不顾地丢下他们一走了之，她怎么舍得放下？九泉之下的夫君也绝不会同意她这样做。为孩子们遮风挡雨，教导他们长大成人，是她作为母亲的责任。

佛说人有八苦，即生苦、老苦、病苦、死苦、怨憎会苦、爱别离苦、求不得苦、五蕴炽盛苦。唯有身心放空，方能人离难，难离身，一切灾殃化为尘。

这段经文，她曾经每日诵读，此刻她一遍又一遍地在心里吟咏，努力让自己的情绪平静下来，祈愿身心放空，祈愿灾厄化尘而飞。

人生没有跨不过的坎儿，脚下自有走不完的路。她强打精神，鼓足勇气，让自己振作起来。

为母则刚。太原王氏这片天空，她不撑起，又待何人？

七日后，太原王家，一片缟素，黑色的帷幔、白色的挽幛铺天盖地。王维和弟弟们披麻戴孝，跪在父亲漆黑的棺木前，涕泣声声。

是时，王维九岁，二弟王缙八岁，三弟王繟六岁，四弟王纮四岁,五弟王纮三岁,两个妹妹,尚在襁褓中嗷嗷待哺。

望着几个失去父亲佑护的幼小身子,围观的乡邻们想起撒手而去、正值壮年的王大人,唏嘘不已,一个个忍不住掩面而泣。

在亲朋好友的协助下,崔氏为夫君王处廉操办了丧事。

随后,崔氏听取兄长崔员外的建议,变卖祁县田地家产,遣散家仆,带着七个幼子,拜别王家宗祠,举家搬迁到蒲州。

蒲州是博陵崔氏的封地。在当时,博陵崔氏位列于"五姓七族"之首,声名显赫,家资丰厚,家风淳朴,倍受世人的敬仰和尊重。

自此,太原王氏这一支,在蒲州安家落户,所以,王维也被后人称作"河东人"。

从后面的发展来看,蒲州成就了太原王氏,成就了王维兄弟,迁居蒲州,实在是崔氏的英明果断之举。

蒲州,即现在的山西永济市,它东临中条山峰,西南有黄河环抱,依山傍水,气候湿润,风调雨顺,良田肥沃,是个宜居的好地方。

古时候的蒲州,还有另外一个名字——"蒲坂",被《史记》誉为"天下之中"。尧、舜曾在这里设立都城,可想而知,早在远古时代,经济繁荣、文化氛围浓厚的蒲坂一带,已成为华夏文明的发祥地。

蒲州作为文化重镇,有唐一代,贤相名吏层出不穷,只河东裴氏,这个煊赫几百年的世家大族,就走出裴度等十七位位高权重的宰相。

在蒲州深厚的文化底蕴的熏陶之下,加之先贤奋发图强、匡时济世的动力鞭策,王维勤奋苦读,诗、书、画的技艺,更是精益求精,"在泉为珠,着壁成绘"。

迁居蒲州后,虽然家道中落,但是王维骨子里与生俱来的贵族气质，并没有因世俗尘烟而蒙尘。他静如磐石，动若脱兔；他温润如玉，才情卓绝。

老子言："知人者智，自知者明；胜人者有力，自胜者强。"先哲的警语王维谨记在心，他懂得一个人只有战胜自己才能足够强大，他时时刻刻以太原王氏长子的身份来严格要求自己，以振兴家族、光大门楣为己任，随缘自适，以强大的自律来历练自己。

崔氏从长子身上，看到了夫君王处廉的影子。她的维儿，本该是懵懂少年，无忧无虑的年纪，却过早明白事理和主动担当，这让她既感到欣慰，又无比心痛。

每天午后的一个时辰，崔氏都会着一身素衣，端坐在堂屋的蒲团上静心参禅事佛。偶尔，王维和二弟王缙会陪着母亲一起打坐。母亲正襟危坐，敛眉静息，手捧经书安安静静诵读经文的样子，让兄弟俩终生难忘。

维摩诘说："欲得净土，当净其心；随其心净，则佛土净。"

他们知道，母亲是以这样的方式来放下过往，放空身心的。

是的，当感觉力不从心的时候，就将一切交付于时间。

时间不会让你忘记那个人，时间会让你慢慢习惯身边再没有那个人。

王维非常心疼母亲。父亲去世以后，崔氏以她的柔弱双肩，独自撑立起门户，承担了家里的一切事务。

脚下的路，只有自己脚踏实地一步一个脚印，才有抵抗未来无尽风雨的底气，崔氏深谙此理。

初到蒲州的时候，崔氏接受了娘家的一些救济，但她懂得生活需要细水长流。生性要强的她，不愿靠娘家施舍聊以生计，更不想让孩子们从小养成不劳而获、坐享其成的坏习惯。

她来到蒲州后，勤俭持家，白天和几个女仆一起照顾孩子，操持家务；晚上照看孩子们安睡以后，穿针引线，在微弱的烛光下熬夜做针黹女红。

崔氏自幼聪慧，在娘家受到良好教育，不仅书画妙手丹青，势如行云流水；女红技艺也非常精湛绝妙。她做的绣品花样鲜活，针法灵动，色彩搭配精巧，活色生香，惟妙惟肖。一大早，女仆拿着她做的绣品到集市上出售，不到一刻钟的工夫，就被集市里的女人们抢售一空。就这样，崔氏用辛苦做绣品换来的银钱，置田买地，来解决一大家子的生计问题。

最好的教育，就是言传身教，通过引导，让孩子激发内在的驱动力，主动、自觉地去学习和做事。

因为母亲的爱和耐心，王维和王缙更加自律、上进和懂事。

兄弟俩不忍心看着母亲日夜辛劳，他们常常在饭间午后，承担起照顾小弟、小妹的责任，帮母亲分担一些力所能及的家务。他们还时常瞒着母亲，在读书之余，精心临摹书画，篆刻印章，拿到集市上兜售，赚些碎银贴补家用。王维的画，王缙的书法，在当时的书画市场堪称双绝。

第三节 孤身长安

"逝者如斯夫，不舍昼夜。"时光的脚步如流水，或缓或急，从来没有停下的时候，不知不觉间，太原王氏一家迁居蒲州已经六个春秋。

开元三年（公元715年），王维十五岁，他眉目如画，意气风发，已长成一个玉树临风的大小伙儿。

看着眼前风华正茂的少年郎，崔氏心潮腾涌，泪水禁不住湿了眼眶。搬到蒲州后，她含辛茹苦地操持家事，事无巨细地教育孩子，为的是太原王家一门皆安，孩子们健康成长。如今，王家长子初长成，夫君地下有知，也一定会倍感欣慰——他们的维儿长大了！

王维从小受父亲的教诲，开蒙即习礼仪。十年寒窗苦，熟读万卷书，诗书礼乐画，诸子百家，早慧的王维无所不通。

对于古代学子来说，人生的最大理想就是饱读诗书，凭借满腹文章求取功名，光宗耀祖，平步青云，为朝廷效力，修身、齐家、治国、平天下。

受儒家经典文化的熏陶，王维这只抱负远大的雏鹰，满腔热血，踌躇满志，渴望离开故土，到京城出人头地，在更远更高的天际振翅翱翔，这正是已故父亲最大的心愿。

这件事起意很久，王维也想了很久，却不知道怎样向母亲阐明心迹。自父亲去世后，家道中落，王家十余口的生计全靠母亲一个人操持打理。六年来，她单薄的身子更加孱弱，不经意间，两鬓已染上霜华，额头也不复原来的圆润光洁。由于终日辛苦劳作，曾经细腻的双手变得掌纹粗糙，让王维不忍直视。

虽然凭借几亩薄田，一家人的温饱尚能保证，但年幼的弟弟妹妹需要照顾，诸多芜杂、烦琐的事务层出不穷，这些都压在母亲柔弱的肩上。他作为王家长子，理应为母亲排忧解难，承担养家的责任。

但是，他更不想苟安于当下，蛰居在家族的佑护之下，不思进取。

所以，他有满腹的心事，却欲说还休，他忧心忡忡，寝食难安。

孩子的一举一动、一颦一笑怎能瞒得过母亲的体察入微，知子莫若母，长子的心事母亲洞察秋毫，她似乎听到了雏鹰振翅的声音。

这天，王维正在书房专心习字，他正襟危坐，挥毫泼墨间，"山河千里国，城阙九重门"几个黑色大字落在洁白的宣纸上，力透纸背，如雪地青松，风骨凛然。

片刻，王维放下手中的毛笔，陷入了沉思。正像骆宾王诗里所说的那样，大好山河千万里，都城门户九重开，你不曾目睹帝都长安的繁华壮丽，哪里知道天子的尊贵。

这时，母亲敲门进来。王维赶忙站起身，恭敬地服侍母亲在桌旁坐下。

崔氏看着书桌上墨迹酣畅的两句诗，微微颔首："我儿的笔力又见长了。维儿，近来在读什么书？"

王维向母亲躬身施礼："母亲，孩儿在读班固的《两都赋》和司马相如的《上林赋》。"

王维双眸粲粲如星，似乎想说什么，却欲言又止。

母亲伸出右手，亲切地抚在儿子柔弱的肩头，笑意盈盈，沉静安详。

"母亲大人，孩儿想离家到长安游学，不知母亲意下如何？"

王维看着母亲，眼里满满的憧憬和企盼，晶光夺目，如燃烧的小火炬。

空气中有片刻的宁静，王维似乎听到自己怦怦的心跳声。

母亲顺手将儿子耳畔一缕发丝捋到耳后，平静地说："井蛙自困井底，不思进取，不能知天之辽阔。子有四方之志，为母倍感欣慰。"

"母亲，孩儿这一去，山高水远，不能承欢膝下，不能在母亲身旁尽孝心，恐娘亲太过辛劳，儿子实在放心不下。"

崔氏笑着回答："维儿多虑了，为娘没事，不必挂怀。吾儿学有所成，志存高远，为娘岂能牵绊。维儿，书中乾坤大，笔下天地宽。你且放心前去，为母在家静候佳音。"

"维儿此去可以带上老家人王喜，他跟随你父亲多年，为人良善，处事稳妥，让人放心。你们同行，一路上好有个照应。"

听到母亲的一席话，王维一颗悬着的心一下子如巨石落地，豁然开朗。他感恩慈母的善解人意，感念慈母的博大胸怀，感激慈母的刚强和担当。

他郑重地点头，自信满满地向母亲保证："请母亲放心，孩儿此去一定奋发图强，考取功名，光大吾太原王氏门楣，报答母亲，完成父亲未了的夙愿。"

"父母之爱子，则为之计深远。"崔氏深谙此理。她将稚气未脱的儿子揽在怀里，温婉一笑，心酸而欣慰。

这天晚上，崔氏照顾孩子们入睡后，回到房间，就开始为长子的远行准备行装，她屋里的灯光，彻夜通明。母亲端坐在灯下穿针引线，熬夜为即将离家的儿子赶制寒衣。

几日后，王维告别舅父、亲朋好友和邻里相亲，准备启程了。

"吾儿第一次出远门，一路上舟车劳顿，千万要谨慎小心。"

母亲嘱了又嘱，送了又送。弟弟妹妹更是恋恋不舍，他们牵着王维的手，小脸儿垂泪，舍不得让长兄离开。

看着送行的母亲和弟弟妹妹，王维的眼睛里写满担忧和不舍。他轻言细语地安抚弟弟妹妹，让他们在家好好读书，听母亲的话。随即依依不舍地辞别母亲和家人，背上行囊，带着他平日常读的书籍，和仆人王喜一起告别蒲州，兴冲冲地奔赴宦游之路。

未经世事的王维，尚不曾心怀感伤，有的只是初出家园的兴奋和新奇之感。

蒲州和长安相距三四百里，在那个交通工具不发达的时代，主仆二人跋山涉水，风餐露宿，星夜兼程。虽然舟车劳顿，但十五岁的王维不叫苦，不叫累，不怨艾，不退缩，一路上赏景赋诗，自得其乐。不知不觉，长安城的晨钟声和暮鼓声隐隐传来。

这天，主仆二人来到距离京城长安五六十里的骊山脚下。骊山山美，名字也美。站在山脚下举目四望，但见山势高峻连绵，犹如一匹苍青色的骊驹，驰骋云端。据说，这就是骊山名字的来历。

山水秀丽的骊山，自古就是仙山福地，是历代封建帝王信奉的风水宝地。这一处绿水青山，见证了中华民族的历史脉络，目睹了几多王朝的兴亡盛衰。博闻强识、心思敏锐的王维，自然对这些历史非常熟悉。他寻幽探胜，感慨万千，一首笔力雄健的《过秦皇墓》一挥而就。

古墓成苍岭，幽宫象紫台。
星辰七曜隔，河汉九泉开。
有海人宁渡，无春雁不回。
更闻松韵切，疑是大夫哀。

——王维《过秦皇墓》

《史记·秦始皇本纪》记载："始皇初即位，穿治骊山，及并天下，天下徒送诣七十余万人，穿三泉，下铜而致椁，宫观百官奇器珍怪徙臧满之。令匠作机弩矢，有所穿近者辄射之。以水银为百川江河大海，机相灌输，上具天文，下具地理。以人鱼膏为烛，度不灭者久之。"

这段话说的是秦始皇嬴政十三岁登基时，就命令丞相李斯规划、设计皇家陵园，地址选在依山傍水的骊山北麓。统一六国之后，他从全国各地召集七十多万名能工巧匠迁徙骊山，按照都城咸阳的结构和布局,"事死如事生",大兴土木,建造秦始皇陵。利用这些能工巧匠,凿出五十余丈、有三重泉水之深的墓穴,将里面灌注铜水,用来加固防水,然后把外棺放置墓穴内。这座方圆五里余的皇家陵园,不仅有装饰豪华的地宫,有整齐排列的百官位次,还有琳琅满目、数不胜数的珍奇器物、金宝怪石。墓穴内这么多奇珍异宝,按照秦始皇多疑的个性,当然要有弓弩箭矢等机密的机关设置,让企图靠近的人有付出生命的危险。

秦始皇陵历时三十九年完工,地宫内可谓精美绝伦,价值连城。秦王嬴政不只要求内有人间珍宝,还要求有人间气象。墓室的顶部设计别有洞天,上面有能工巧匠精心绘制的日月星辰;墓室的底层,又以数吨水银灌注百川、江河、大海等图样,营造出一派山河壮丽的自然景观。当然,里面还安置着一盏盏"人鱼膏"灯台,把地宫照耀得亮如白昼。

可惜,纵然地宫内极尽豪奢,奇幻横生,奈何阳光照射不到,阴暗之门,焉有燕雀飞又回?陵墓中的大好江山,万不能燃起人间一缕烟火色。

曾经叱咤风云、不可一世的秦始皇,和他庞然坚固的古墓群,历经百年风雨剥蚀,终成为眼前苍茫山岭上的累累荒冢,所有的显赫、威严崩塌,腐朽成一抔黄土,湮灭于历史尘烟。

一霎时,站在陵墓前的少年,仿佛听到来自旷野的风,吹得眼前的松树林哗哗作响。

这首咏史诗,少年老成,诗韵悲壮,是王维诗集里的第一首诗歌。束发之岁的王维,初露头角,便不同凡响。

"不睹皇居壮,安知天子尊。"当少年王维站在繁华的长安街头,耳边再次回荡起骆宾王的《帝京篇》中的这两句诗时,不能不为眼前这份"壮"和这份"尊"倍感震撼。

长安,是我国历史上建都朝代最多、建都时间最长的都城。渭水西来,泾河东流,古长安城以函谷关为天然屏障,八百里秦川沃野,汇聚了华夏文明博大精深的灿烂文化。从周文王、周武王到秦始皇、汉高祖、汉武帝,从唐太宗到唐玄宗,一群中国历史上显赫而耀眼的帝王、明君,你方唱罢我方登场,在此领地开疆拓土,孕育出强悍的西周王朝,天下一统的秦汉盛世,以及鼎盛辉煌的巍巍大唐。

儒雅俊逸、才艺双全的王维和无数有为少年一样,少小离家,仗剑天涯,渴望凭借一己之力,独步长安,长住久安。

第四节　重阳思亲

> 长安大道连狭斜,青牛白马七香车。
> 玉辇纵横过主第,金鞭络绎向侯家。
> 龙衔宝盖承朝日,凤吐流苏带晚霞。
> 百尺游丝争绕树,一群娇鸟共啼花。
> 游蜂戏蝶千门侧,碧树银台万种色。
> 复道交窗作合欢,双阙连甍垂凤翼。
> 梁家画阁中天起,汉帝金茎云外直。
> 楼前相望不相知,陌上相逢讵相识?
> 　　　　——卢照邻《长安古意》(节选)

对长安城的最初印象,王维是从前辈的诗词里获得的。除了骆宾王的《帝京篇》,还有卢照邻的这首《长安古意》。

如今，穿过纵横交错、四通八达的街衢，伫立在玉辇穿梭、金鞭络绎的长安街头，望着雄伟壮丽的楼阁殿宇、星罗棋布的店铺商户，望着达官贵人、商贾艺人、贩夫走卒南来北往，身历繁华，不由得感慨万千。眼前的盛景让王维真真切切地感受到了京师的富贵荣华，大唐的壮丽恢宏。

彼时，他更加坚定了自己的信念。他会加倍勤勉，凭借自己的家世、才学，在京师闯荡出一番新天地。

仆人王喜常常跟着老爷王处廉走南闯北，对长安的大街小巷比较熟悉。他在朱雀大街街角找到一间简朴干净的小客栈，主仆二人就此安顿下来。

十五岁，如枝上初绽的花蕾，本该在父母的佑护下快乐成长，享受幸福的少年时光，如今却背井离乡，踽踽独行在繁华的长安街头，其中的孤单寂寞不言而喻。

让王维心情愉悦的是，在这个小客栈，他遇到了在京师交到的第一个好朋友——祖自虚。

那天晚上，王维正在灯下苦读，忽然听到几声"嘭嘭"的叩门声。仆人王喜打开门后，一个年轻的书生走了进来。他落落大方地自报家门，说自己是来自河南府的祖自虚，在这个小店已驻留多日。那天在客栈的廊下邂逅王维，为公子的儒雅俊秀、气度不凡而钦慕，所以冒昧前来拜访，以文会友。

祖自虚和王维一样，走的也是宦游之路，踌躇满志赴京而来，为的是投身仕途，有一个锦绣前程。

看到站在眼前的少年眉清目朗，书卷气十足，王维不禁大喜，拱手还礼，随即热情地做了自我介绍。

祖自虚坦言他在家中排行第六，王维遂以"祖六"称呼。祖自虚小王维半岁，就以"摩诘兄"相称。二人都有相见恨晚、一见如故的感觉。

自此后，热闹的朱雀大街上，就常常出现这两位清俊少年的身影，他们一起读书，一起游历，天文、地理，无所不习；文物、典章，无所不学。清溪泛舟，竹窗夜话，柳荫闲行，花坞抚琴，惺惺相惜，互为知音。

满腹诗书的他们，希望能得到名门、高士的举荐，可是，偌大的长安城熙来攘往，以他们目前的资历，跻身上层社会，实在太不容易。

于是，他们决定试一试"终南捷径"。

开元五年（公元717年）秋，王维和祖自虚结伴到终南山隐居。

初唐诗人卢藏用，年少的时候文采出众，多才多艺，非常轻松地考中进士，却未被上司重用，写了一篇《芳草赋》表达心声后，就和兄长卢征明一起到终南山做了隐士。几年后，卢藏用名声在外，武则天就将他征召入朝，任命他为左拾遗，相当于现在监察部门的一个小官。不久，他便擢升为吏部侍郎。

司马承祯和卢藏用同为"仙宗十友"，才华横溢的他也被征召入朝，却坚持不仕，欲回山中继续隐居修行，卢藏用十里相送，依依惜别，面对终南山大发感慨："此中大有佳处。"成语"终南捷径"由此而来。

人们常说，雀儿只拣旺处飞。有了这样的先例，热衷仕进的读书人纷纷效仿，隐居终南山，借助天时、地利之便，结交达官贵人，实现飞黄腾达的理想。"终南捷径"遂演变成唐朝一种奇特的历史文化现象。

初出茅庐的王维和祖自虚，也希望能在终南山崭露头角，大展宏图。

岁月不居，时节如流。不知不觉间，王维和祖自虚在终南山已经隐居数月之久。在一阵阵干冷的秋风中,在一片片落叶飞旋、枯黄草叶的渲染下,终南山的秋天来了。

身体羸弱的祖自虚不幸感染风寒,全身发热,头痛难忍。山上条件简陋,王维赶忙让仆人王喜带着祖自虚下山寻医问药,希望好朋友能得到及时救治,早日康复。

于是,农历九月九日的重阳佳节,钟南山这一处草庐,就只剩下王维一个人了。

独自一个人的时候,是想家的时候。此刻,登高远望的王维,更加思念家乡,思念母亲,思念弟弟妹妹。

人这一生,有两件东西永远铭记在心:一是母亲的面庞,二是故乡的模样。

此时,蒲州的山水,母亲眼底的慈爱,深深镌刻在他的脑际,挥之不去,万千情绪澎湃汹涌,一首《九月九日忆山东兄弟》胸臆直出,千古绝唱。

独在异乡为异客,每逢佳节倍思亲。
遥知兄弟登高处,遍插茱萸少一人。
——王维《九月九日忆山东兄弟》

"独在异乡为异客","异乡"和"异客",两个"异"字,手法自然,别出心裁,把流落异乡的他心中的那份失落、无奈之感,诠释得淋漓尽致,令有同样漂泊经历的异乡人感同身受,产生强烈的共鸣。

蒲州在华山的东边,长安在华山的西边,所以诗题为"九月九日忆山东兄弟",此"山东"非彼"山东"也。

诗的后两句表达得极为巧妙,诗人推己及人,遥想在重阳佳节，远在故乡的兄弟们身上佩戴着茱萸，兴高采烈地去登高之时，发现众人皆在，唯独少了他一个，可想而知，有多么遗憾，多么怀念。

第五节　少年游侠

开元初期的唐朝，被一种尚武、尚勇的豪侠气息所裹挟。身处其中的少年王维，不能不耳濡目染，豪情万丈。

《少年行四首》就是他这个时期的代表作。

> 新丰美酒斗十千，咸阳游侠多少年。
> 相逢意气为君饮，系马高楼垂柳边。
>
> 出身仕汉羽林郎，初随骠骑战渔阳。
> 孰知不向边庭苦，纵死犹闻侠骨香。
>
> 一身能擘两雕弧，虏骑千重只似无。
> 偏坐金鞍调白羽，纷纷射杀五单于。
>
> 汉家君臣欢宴终，高议云台论战功。
> 天子临轩赐侯印，将军佩出明光宫。
>
> ——王维《少年行四首》

长安城，在王维的朋友圈里，除了祖自虚，还有祖咏、綦毋潜、储光羲、裴迪等酒朋诗友。他们和王维一样，同是天下宦游人，好读书游历，好山水田园，才华横溢，惺惺相惜。

同在异乡为异客，几个风华正茂的阳光少年，经常一起爬山登高，相互邀约在茶坊酒肆，在竹林清溪，纵情狂歌，诗酒唱酬，好一处欢畅的青春盛宴。

《少年行四首》其一，描述的是少年游侠高楼纵饮的盛况。新丰县城位于今西安市临潼区东北处，那里盛产的美酒非常名贵，价值万贯。意气相投、轻财仗义的长安少年常结伴来此，他们将骏马拴在楼下的垂柳边，在酒楼里觥筹交错、任侠游乐。

一掷千金、酣畅豪饮自古乃游侠本色。新丰的甘洌美酒，似乎天生就为慷慨好客的少年游侠而备。酒逢知己要的就是一醉方休，喝酒就要喝得酒酣耳熟。

少年自有少年狂，诗如一面镜子，映照出少年游侠意气风发、坦荡率真的精神风貌。

其二展示的是游侠出征边塞的情景。作为皇家禁卫军的一员，少年游侠跟随骠骑大将军驰骋疆场，奋勇杀敌，在刀光剑影中大战渔阳。"孰知不向边庭苦，纵死犹闻侠骨香"是其中的名句，这句诗以反诘语气表情达意，语气更强。谁人不知远赴边疆既辛苦又危险呢？但是保家卫国是铁血男儿责无旁贷的责任和使命，纵然战死沙场，英雄留下的骸骨，亦会飘出侠义之香。这种舍生忘死、为国捐躯的大无畏精神，奏出盛唐人崇尚英雄主义的最强音。

其三刻画的是游侠在沙场上勇猛杀敌的场景。诗人笔下的少年游侠武艺超群，力大无穷。你看他，以双手拉满铁弓，左右开弓，全然不把凶蛮剽悍的敌寇放在眼里。他超凡神勇，他无往不胜，他身手矫捷，偏坐在金鞍之上，弯弓射箭，擒贼擒王，好一场激烈的鏖战!

其四写的是少年游侠凯旋,本应马上封侯,功成名就,却见天子亲临以侯爵的印信赐给这些将军。

四首诗以酒拉开序幕,又以酒照应并结句,各有侧重,又环环相扣。诗语简劲,充满力量,有着强烈的自信,傲骨铮铮,表达了游侠少年对投笔从戎、建功立业的强烈渴求,充斥着一腔激昂奋发的英雄气息和爱国之情,满溢着一派激昂雄浑、阔大恢宏的盛唐气象。

这是王维的边塞梦,也是无数少年游侠矢志不渝的理想追求。

身为七尺男儿,谁人不憧憬投笔从戎,匹马戍梁州;谁人不渴望建功立业,万里觅封侯。温润如玉的男子,亦有自己的血性时刻。人不轻狂枉少年。

《少年行四首》这一组诗,让世人见识了少年王维的倜傥意气,游侠风貌。

卷二 平交王侯春风意

第一节 痛失知音

在唐朝,长安和洛阳是分别作为西都和东都存在的。

长安在地理位置上有很大的优势,关中要塞易守难攻,像个天然的大屏障,足以抵挡外敌侵略。但是长安的水和粮食不足,让定都长安的唐朝饱受温饱之患。而洛阳地处天下之中,隋唐大运河的开通,使洛阳水陆交通四通八达,物资集聚。洛阳是华夏文明的发源地,也是华夏民族的发祥地之一,有着深厚的文化底蕴。从唐高宗时,政治、经济、文化重心就向洛阳倾斜了,在洛阳修建宫殿,将洛阳定为东都。武则天执政时,更喜欢在花城洛阳居住,将洛阳封为"神都",使洛阳发展得更加繁华。

唐玄宗李隆基小时候在洛阳生活,对这个出生地俨然有一份难以割舍的故土情结,开元五年(公元717年),他带着文武百官移驾东都。

初登大宝的唐玄宗,励精图治,处理政务干练果断,英明神武。他整顿吏治,奖励忠直大臣;他改革兵制,将府兵制改为募兵制,招募精兵强将入伍从军,提高军队战斗力;他鼓励耕种,消灭蝗灾,活跃文化、经济,治国安民;他知人善任,量才授职,先后提拔多谋善断的姚崇、为人耿直的宋璟、文武双全的张说为宰相,辅助治理国家;他广开言路,访贤求隐,"有嘉遁幽栖养高不仕者,州牧各以名荐",不拘一格地招贤纳士。

东风浩荡,春和景明,士子们徜徉在浩荡的东风里,跃跃欲试。

开元六年(公元718年),草长莺飞、花开烂漫的季节,王维和大病初愈的祖自虚离开长安,到东都洛阳寻找更好的机遇。

三月的洛阳,桃红李白,繁花满枝。一树树的粉,一树树的红,如同少女粉面上的胭脂,美而不俗,柔而不媚;一团团的白,圣洁如初雪,晶莹如玉,卓尔不群;一朵朵的明黄、紫蓝,盛开在盛世的阳光下,花团锦簇,明媚鲜艳。

风儿一阵阵地从枝上倏然掠过,黄、白、粉、红、紫,无数片轻盈娇嫩的小精灵,漫天飞舞,清香盈袖。

洛阳城内,天子脚下,春光如酒,让人沉醉。街衢里巷,清俊的靓丽少女更让人眼前一亮。敢和百花争艳,敢在花下理红妆的,自然是花容月貌的洛阳女儿。

> 洛阳女儿对门居,才可颜容十五余。
> 良人玉勒乘骢马,侍女金盘脍鲤鱼。
> 画阁朱楼尽相望,红桃绿柳垂檐向。
> 罗帷送上七香车,宝扇迎归九华帐。

> 狂夫富贵在青春,意气骄奢剧季伦。
> 自怜碧玉亲教舞,不惜珊瑚持与人。
> 春窗曙灭九微火,九微片片飞花琐。
> 戏罢曾无理曲时,妆成祗是熏香坐。
> 城中相识尽繁华,日夜经过赵李家。
> 谁怜越女颜如玉,贫贱江头自浣纱。
>
> ——王维《洛阳女儿行》

《洛阳女儿行》是王维游历洛阳时的抒怀作品,在这首长诗中,诗人以"极致"之笔切入主题:洛阳女儿的容颜极致美丽,住宅极致富丽,饮食极致珍奇,夫婿极致豪奢,交游极致高贵,生活极致娇贵逸乐。诗人极致铺排渲染,出身于普通人家的洛阳女子,因为嫁给名门望族,从而骤得富贵,获得身份和地位。

择"良人",遇"良机",这是封建社会中极其普遍的一种社会现象。诗的背后,其实就是现实人生。

繁华的东都,喧嚣的街市,谁是"良人",何得"良机",他该如何择木而栖?这是王维当下的烦心事。

人生不如意事十之八九,这个世界,没有谁能一帆风顺,所向披靡。还好在这他乡之地,有志同道合的良友相伴,让他不至于那么孤寂。

没人不需要朋友,就连树上的鸟儿,站在枝上嘤嘤啼叫的两只或多只,才叫得更响,叫声更欢。

王维和祖自虚这一对性情相投的好朋友,他们一起郊外赏花,灯下苦读,在洛阳一家客栈里等待机遇,度过了一段美好时光。

祖自虚的身体一直不大好,寒冷的季节最为煎熬。这个冬日,他再一次旧病复发,咳喘不止,卧病在床。王维在他身旁悉心照顾，在洛阳城为他寻医问药。可是，经过多方诊治的祖自虚，身体未见好转，反而眼见着一天天憔悴下去。

天不假年，在一个天寒地冻的雨雪天气里，他羸弱的身体倒了下去，没能再迎来第二天的太阳。

王维为好友的英年早逝痛哭失声，涕泪交零。他回首与少年情同手足的过往，慨叹生命的脆弱和无常，挥笔写下长诗《哭祖六自虚》，为好友送葬。

否极尝闻泰，嗟君独不然。
悯凶才稚齿，羸疾主中年。
余力文章秀，生知礼乐全。
翰留天帐览，词入帝宫传。
国讶终军少，人知贾谊贤。
公卿尽虚左，朋识共推先。
不恨依穷辙，终期济巨川。
才雄望羔雁，寿促背貂蝉。
福善闻前录，歼良昧上玄。
何辜铩鸾翮，底事碎龙泉。
鹏起长沙赋，麟终曲阜编。
域中君道广，海内我情偏。
乍失疑犹见，沉思悟绝缘。
生前不忍别，死后向谁宣？
为此情难尽，弥令忆更缠。
本家清渭曲，归葬旧茔边。
永去长安道，徒闻京兆阡。
旌车出郊甸，乡国隐云天。
定作无期别，宁同旧日旋？

候门家属苦,行路国人怜。
送客哀终尽,征途泥复前。
赠言为挽曲,奠席是离筵。
念昔同携手,风期不暂捐。
南山俱隐逸,东洛类神仙。
未省音容间,那堪生死迁!
花时金谷饮,月夜竹林眠。
满地传都赋,倾朝看药船。
群公咸属目,微物敢齐肩?
谬合同人旨,而将玉树连。
不期先挂剑,长恐后施鞭。
为善吾无矣,知音子绝焉。
琴声纵不没,终亦继悲弦!

——王维《哭祖六自虚》

他哭祖自虚幼年多忧患,中年多灾疠;哭祖自虚贤德多才,文秀礼乐全;哭他们相携相伴,南山隐逸、诗书往来;哭他们京洛宦游,金谷饮酒,竹林夜眠;哭他们之间的深厚情谊,携手并肩;哭自此生死暌隔,痛失知音。

这首挽歌,是一首三十二韵的五言排律。句句用典,却并不显得呆板冗长,而是直抒胸臆。墨水饱蘸泪水,音韵凄婉,悲切缠绵,如大河滔滔,奔流而下,读之令人潸然,足见王维深厚的文学素养和诗词功底。

九年前,父亲去世;九年后,年轻的王维再次经历生离死别之痛。

祖自虚去世后,王维身心交瘁,他决定离开洛阳,返回蒲州老家。

几日后，王维风尘仆仆地回到蒲州。

蒲州王府，满院欢声笑语。母亲崔氏望着远道归来的儿子惊喜不迭，牵着儿子的手看了又看，嘘寒问暖，说他长高了，黑了，也瘦了，叹息他独自在外的不易，一字一句满是怜惜。王维看到母亲的双鬓又染霜华，昔日光洁的额角上，也悄悄爬上了细纹。只是，一双眼睛依然睿智有神。

作为王家长子，没能为辛勤操劳的母亲分担家事，在外闯荡三年亦未有建树，王维心里十分难受，他在母亲面前长跪不起，满面羞愧：

"孩儿不该让母亲独自辛劳，还让母亲为儿子忧心，实在不孝！"

崔氏一边扶他起来，一边慈爱地安抚他说：

"维儿一路辛苦，快快平身。维儿切莫这样讲，让为母心疼。维儿的书信、诗文，为母都看到了，我儿这三年读书游历，才艺精进，为母甚是欣慰。几番苦寒，始得梅香，维儿莫急，春到枝头，会有好消息的。"

王维看着母亲慈祥的眼神，轻轻地点头，他懂得母亲话里的深意，他也在等着这一天，并愿意为此付出更大的努力。

学堂归来的弟弟妹妹看到好久不见的大哥回来，兴奋得合不拢嘴，他们拉着手围着长兄笑着跳着转圈圈，你一言我一语，七嘴八舌，问长问短。

王维向母亲和弟弟妹妹详细地讲述了长安、洛阳两地的山川地貌、热闹繁华，他的所闻、所见和所感，他结交的朋友，朋友的诗文以及趣闻轶事。弟弟妹妹听得津津有味，一个个偎依在长兄的身边，夜深了还舍不得去洗漱休憩。

望着丰神俊朗、侃侃而谈的长子，望着亲亲热热、团团圆圆的一家人，崔氏既欣慰又心酸。

让失去父亲佑护的孩子们健康快乐地成长，这是她平生最大的心愿。如今她做到了，夫君地下有知，也一定会为她、为孩子们高兴。

在家停留数日后，王维和母亲商议，决定重返长安，为下一步的科举考试做准备。这一次，二弟王缙将和他一同前往。十八岁的王缙也已学业有成，兄弟二人同时赴京，可以相互照应，相互督促。崔氏坚信，她的两个儿子会不负众望，在京师闯出一片新天地。

王家两兄弟依依不舍地和母亲及弟弟妹妹告别，山一程，水一程，向西都长安再次出发。

第二节　同气相求

《易经》上说："同声相应，同气相求。水流湿，火就燥。"意即同样的声音相互应和，同样的气味相互融合，水向低湿的地方流动，火向干燥的地方蔓延。万物自然而然各从其类，意气相投的人相处更轻松容易些，让人有安全感。很庆幸，王维一直拥有这样的好朋友。

兄弟俩抵达长安后，王维带着弟弟王缙去看望好朋友祖咏和綦毋潜。綦毋潜略长他们几岁，热情好客，常以兄长自居，他在客栈备了薄酒，为王家兄弟接风洗尘。

好朋友聚在一起就要开怀畅饮，几杯酒过后，几个年轻人酒酣耳热，豪情奔放，气氛霎时热烈起来。

在大唐这个诗的国度，没有诗词助兴的宴席，焉能喝得尽兴、尽情？于是，几位诗友把酒临风，纷纷拿出自己的诗作，邀大家共赏。

性格豪爽的綦毋潜一马当先。他向大家斟酒致敬，朗声献上自己的新作。

> 香刹夜忘归，松清古殿扉。
> 灯明方丈室，珠系比丘衣。
> 白日传心净，青莲喻法微。
> 天花落不尽，处处鸟衔飞。
> ——綦毋潜《宿龙兴寺》

綦毋潜介绍说，这首《宿龙兴寺》是他游历湘南，夜晚投宿在龙兴寺时有感而作。在他眼里，夜色笼罩下的宝刹非常静谧，佛堂内灯火通明，端坐在一室灯火中的方丈，身着法衣，闭目，专注地参禅修炼。须发银白、神态安详的他，和佛殿外的青松、殿堂内庄严肃穆的气氛融为一体。置身其中的诗人，沐浴着如阳光般明亮、莲花般圣洁的佛法，仿佛尘虑尽去，身心俱泰，如雪轻盈。

这首五言律诗，工出自然，恬淡适然，博得众人一片喝彩。

王维从小受母亲影响，对诗里蕴含的佛理、佛法感同身受，他赞道："孝通兄出句不凡，果然清回拔俗，善写方外之情。佩服佩服！"

祖咏也连声称好，直言受教了，他说："祖三不才，带来一首《江南旅情》聊以凑趣，恳请各位兄台批评指正。"

> 楚山不可极，归路但萧条。

> 海色晴看雨，江声夜听潮。
> 剑留南斗近，书寄北风遥。
> 为报空潭橘，无媒寄洛桥。
>
> ——祖咏《江南旅情》

《江南旅情》同样是一首五言律诗，是祖咏羁旅吴、楚之地，怀望家乡时的诗作。祖咏的诗素来以清丽幽远见长，这一首亦不例外。虽然首联中归家之途充满萧瑟之感，但颔联描绘的江南风光却分外开阔，而"剑留南斗近，书寄北风遥"一句，尽显襟怀抱负，一洗江南的脂粉气，乡愁浓郁，以细节取胜，获得在座的一致好评，綦毋潜大赞其尾联满溢"橘"之色、香，生动诱人。

王缙初次参加这样的聚会，对几位兄台的诗词功力深为佩服，他也拿出自己的近作《古别离》，向各位请教。

> 下阶欲别离，相对映兰丛。
> 含辞未及吐，泪落兰丛中。
> 高堂秋静日，罗衣飘暮风。
> 谁能待明月，回首见床空。
>
> ——王缙《古别离》

初次离家的他，还未适应外面的漂泊生活，所以字里行间满是想念母亲和家人的别离之思。

坐在他身边的王维一边称赞这首五言律诗文风清丽、大有长进，一边拍拍弟弟的肩膀以示安慰。

綦毋潜和祖咏也齐声附和，称赞王缙诗语清新，和乃兄王维的风格相近。

稍后，王维拿出自己返京途中即兴写就的《桃源行》，和大家一起交流、分享。

> 渔舟逐水爱山春，两岸桃花夹古津。
> 坐看红树不知远，行尽青溪不见人。
> 山口潜行始隈隩，山开旷望旋平陆。
> 遥看一处攒云树，近入千家散花竹。
> 樵客初传汉姓名，居人未改秦衣服。
> 居人共住武陵源，还从物外起田园。
> 月明松下房栊静，日出云中鸡犬喧。
> 惊闻俗客争来集，竞引还家问都邑。
> 平明闾巷扫花开，薄暮渔樵乘水入。
> 初因避地去人间，及至成仙遂不还。
> 峡里谁知有人事，世中遥望空云山。
> 不疑灵境难闻见，尘心未尽思乡县。
> 出洞无论隔山水，辞家终拟长游衍。
> 自谓经过旧不迷，安知峰壑今来变。
> 当时只记入山深，青溪几度到云林。
> 春来遍是桃花水，不辨仙源何处寻。
>
> ——王维《桃源行》

这首七言乐府诗，取材于陶渊明的散文《桃花源记》，通过渔舟逐水，发现桃源，进入桃源仙境，到再寻不得等细节描摹，记录武陵源人与世无争、鸡犬相闻的俗世生活。王维化文为诗，将散文的内容，用概括性更强、语言更凝练、节奏更鲜明的乐府诗来传情达意，通过创设的情境，精妙的构思技巧，拓展想象空间，让读者去捕捉言外之意、画外之音，回味无穷，这就是本诗的精到之处。全诗三十二句，兴象深微，雅致从容，足见十九岁的王维笔力不是一般的深厚，内功不是一般的强大。

王维的《桃源行》是唐诗中最早以桃源为题咏的，受其影响，张旭、韩愈、刘禹锡、王安石等都曾以《桃花源记》为题材进行再创作，命题立意，谋篇布局。

清代王士禛在他的史料笔记著作《池北偶谈》中评论说："唐宋以来，作《桃源行》最佳者，王摩诘（维）、韩退之（愈）、王介甫（安石）三篇。观退之、介甫二诗，笔力意思甚可喜。及读摩诘诗，多少自在；二公便如努力挽强，不免面红耳热。此盛唐所以高不可及。"可见王维这首《桃源行》影响之深。"多少自在"是此诗的最大亮点，从而使它和陶渊明的《桃花源记》一并流传千古。

《桃源行》得到祖咏、綦毋潜的高度盛赞。他们对王维飞扬的才气、超拔脱俗的文艺天赋大加褒奖。

祖咏问王维这次回来有何打算。

王维并不隐瞒，坦诚相告："如今正逢太平盛世，玄宗皇帝文治武功，量才授职，愚弟欲参加科举博取功名，夙愿得偿。"

綦毋潜一向心直口快，他直言："贤弟太原望族出身，又博古通今，才气无双，一举夺魁不在话下，只是以当前形势，若能拜谒权门，得高人推荐，则更为稳妥。"

他又接着说："现今宰相姚崇实权在握，不过此人政法简肃，不便通融。倒是岐王李范，工书能诗，雅善音律，喜好交游。贤弟琴棋书画无所不能，不妨前去岐王府拜谒，投石问路。"

王维听闻眼前一亮，点头称是："多谢贤兄建言，小弟承蒙赐教，不胜感激！"

綦毋潜爽朗大笑："贤弟不必多礼，我们且等你的好消息，来，喝酒，喝酒！有朋自远方来，不亦乐乎？"

第三节　平交王侯

唐玄宗李隆基多才艺,知音律,好器乐,且天分极高,琵琶、二胡、笛子、羯鼓等,无所不通,无所不晓,他创作了《霓裳羽衣曲》《春光好》《秋风高》等传世佳作,还在皇宫设置太常寺、教坊等机构,管理宫廷乐舞,并挑选一大批乐工、舞姬,在梨园专门从事歌舞排练和演出。

由于他的积极参与和大力扶持,开元、天宝年间,不仅经济昌盛,国富民安,文化娱乐生活也比唐太宗和武则天时期更加繁荣,达到了灿烂辉煌的巅峰。

岐王原名李隆范,是李隆基的弟弟,唐睿宗李旦的第四子。李隆基登基后,因避讳,遂改名为李范。李范风流儒雅,雅善音律,好音乐,好诗文,他家里常常高朋满座,当红名士常聚在这里吟风弄月,歌舞升平。当时的著名音乐家李龟年便是岐王李范家里的常客。

由此可知,在崇尚文艺的唐朝,在某一方面独树一帜,拥有独门绝技,是出人头地的必要条件。

几日后,王维听从綦毋潜的建议,带着自己的行卷,前去岐王府拜谒。

所谓行卷,就是将自己最得意的作品加以整理,带着它们去干谒权贵,以求获得权贵的认可和推荐,从而在科考中形成有利于自己的形势。

正如綦毋潜所言，多才多艺的王维受到岐王无上的礼遇。

王维不仅有良好的家世背景，还有深厚的艺术修养、杰出的音乐才能。他继承了祖父和母亲的良好基因，弹奏琵琶的技能亦是一绝，他弹奏的琵琶曲，将宫廷礼乐的典雅华丽与民间曲调的清新奔放浑然融合在一起，如同天籁，入耳难忘。

凭借这些技能的加持，出入王府、交结权贵，对于王维来说自然不是难事。何况，他还有诗。

岐王李范是通过《九月九日忆山东兄弟》这首诗，开始留意王维这个名字的。

李范是唐睿宗第四个儿子，既不是嫡长子，生母崔氏也只是一位小宫女。好在他出生时，父亲李旦还坐在皇帝宝座上，作为幼子的李范，被封为卫王，备受宠爱。

可惜，好景不长，不久，武则天就废黜了性格太过软弱、顺从的李旦，篡夺皇位，自己做了皇帝。此后，李范和三个哥哥跟随父亲搬入东宫，由皇子降为皇孙，生活待遇一落千丈。为杜绝旧皇室联合起来发生叛乱，武则天对李旦和他的家人实行软禁管理，严密控制他们的外出或者与外人的接触。

在这种高压威胁和监控下，李范和兄长李宪、李捴、李隆基均收敛锋芒，一头扎进笔墨纸砚、琴棋书画中，修心养性，自娱自乐。

所谓患难见真情，因共同的幽禁经历，李家几个兄弟相依为命，手足情深。温良恭俭、熟读诗书的李范也深得三位兄长的喜爱。

读到《九月九日忆山东兄弟》一诗的岐王，有感于诗中兄弟情义、思乡情怀的真情流露，回想自身身世，感念以往兄弟情深的幽禁岁月，深深共情，拍案叫绝，遂命乐师谱曲传唱。

另外，王维还带来一首咏史诗，一样令岐王李范刮目。

> 汉家李将军，三代将门子。
> 结发有奇策，少年成壮士。
> 长驱塞上儿，深入单于垒。
> 旌旗列相向，箫鼓悲何已。
> 日暮沙漠陲，战声烟尘里。
> 将令骄虏灭，岂独名王侍。
> 既失大军援，遂婴穹庐耻。
> 少小蒙汉恩，何堪坐思此。
> 深衷欲有报，投躯未能死。
> 引领望子卿，非君谁相理。
>
> ——王维《李陵咏》

李陵是西汉"飞将军"李广的孙子。出身武将世家的李陵，自幼习武，骁勇善战，有兵法奇策，颇有祖父之风采。但是，他和祖父李广一样，时运不济。

王维这首咏史诗，从李陵"三代将门子"的出身起笔，浓墨重彩地勾画了壮士李陵勇猛无畏的英雄气概，表现了他对汉朝的至死忠诚，并对李陵一世蒙冤，终生不得解脱的不幸结局深表同情。

这样沉重的历史事件，这般悲壮激愤的情感，自十九岁的王维笔下喷薄而出，足以见证少年王维思想的深度和血气方刚的平易正直，不能不让岐王格外看重。

被岐王看重的王维，自然而然，很快融入京城的文艺圈，成为豪门贵胄的座上宾。

这些豪门贵胄包括宁王李宪、申王李捴和薛王李业，也就是岐王的大哥、二哥和五弟。宁王李宪原名李成器，是唐睿宗李旦的嫡长子。其人如名，确实成器，自小天资聪颖，六岁便被立为太子。而那个时候的李隆基，只是唐睿宗庶出的第三子罢了。

武则天去世后，临淄王李隆基联合太平公主发动"唐隆政变"，从武三思和韦氏手里夺回政权，拥立父亲李旦再次坐上皇帝宝座。李旦即位后，最头疼的就是立太子这件事情。按照常理，将嫡长子李宪立为太子无可非议，但李旦担心几个儿子因为皇位互相残杀，"玄武门之变"的血腥事件再次上演。

好在李宪特别明事理，自小在宫廷长大的他，对各种明争暗斗知根知底，他审时度势，摆出高姿态，坦然禀告父皇："太平之时，以嫡长子为先；国难之时，应归于有功者，否则，会让海内失望。"言辞恳切，态度明朗，另外三位小弟申王、岐王和薛王亦随声附和，大赞兄长言之有理。李旦太高兴了，遂放心大胆地立李隆基为当朝太子。

你有仁，我有义，李隆基十分感谢兄弟们的退让，登基之后，给予宁王、申王、岐王和薛王很多金银珠宝等贵重赏赐，让他们享受豪奢的生活待遇。

几位王爷也乐得清闲，他们远离政权纷争，或纵情于郊游玩乐，或流连于击鞠斗鸡，呼朋唤友，琴棋书画。

以才艺取胜的王维，宁王、申王、岐王和薛王待他如师友，贵族、豪门们待他更是热情有加。南宋时期的张戒在《岁寒堂诗话》中这样评价王维："出则陪岐、薛诸王及贵主游，归则餍饫辋川山水。"说的是王维出仕时和王公贵族交游往来，归隐时则和一大帮子诗友游山玩水，诗酒唱和。

但在王公贵族面前，王维始终保持着不卑不亢、坦率真诚的诗人本色。

王维的《息夫人》一诗，描述的是这样一个故事：

长安大街安兴坊附近有一个卖饼的男人，他的妻子身材高挑，眉眼清秀，宁王觉得特别入眼，就让手下人拿钱给卖饼的男人，将女子带到府里纳为小妾，锦衣玉食，宠爱有加。可是，衣食无忧的女子脸上却并不怎么有欢喜之色，一对冒烟眉似蹙非蹙，像总也舒展不开的样子。

一天，宁王唤她前来，问她为什么不开心，是否还在想着饼师？女子垂下头，默默不语。

宁王让人从安兴坊带来年轻的饼师。见到饼师后，女子眼泪盈眶，情不自已。

这个时候，宁王家高朋满座，十几位当朝名士正在喝酒闲谈。看到此情此景，皆面露异色，窃窃私语。宁王让众人现场赋诗，众人面面相觑，相互推托。只有王维不假思索，提笔写就。

莫以今时宠，能忘旧日恩。
看花满眼泪，不共楚王言。
——王维《息夫人》

息夫人本是春秋时期息国国君的妻子，生得面若桃花，目若秋水。楚文王觊觎息夫人的美色，派兵攻打息国。为使息国百姓免遭涂炭，息夫人被迫嫁给楚文王。楚宫三年，她为楚文王生了两个儿子。楚文王对她非常宠溺，但息夫人始终郁郁寡欢，不言不语。

楚文王十分不解，一定要息夫人说出个所以然。万般无奈，息夫人泪流满面地道出苦衷："我一个女人，伺候两个丈夫，不能守节去死，又有何面目向人言语呢？"楚文王哑然。

一次，楚文王出去打猎，息夫人趁此机会私会息侯，两人见面后，抱头痛哭。息夫人决然地说："妾在楚宫，忍辱偷生，一来为保全大王性命,二来想见大王最后一面。如今心愿已了,死亦瞑目。"

息侯安慰息夫人,让她好好活着,未来还长,两人一起等待团圆的机会。

息夫人却认为与其偷生苟活,不如一了百了。去意已决的她,扭头朝城墙撞去,霎时香消玉殒,血溅桃花。目睹爱人在自己眼前命丧黄泉,息侯痛不欲生,万念俱灰,当即也撞死在城墙下。

楚文王有感于二人的感情,将息侯与息夫人合葬在汉阳城外的桃花山上,后人在桃花山上建祠祭奠,称为"桃花夫人庙"。

王维以息夫人的故事涉笔,设身处地来诠释眼前这位女子的身不由己,以及不忘初心的无奈心情,诠释女子不为人知的伤感和苦楚。座中之人,又有谁不被打动呢?

宁王心生恻隐,挥挥手让饼师带女子走。夫妻二人拜别众人,欢天喜地一起回家。

这首诗和这个故事,遂成就一段佳话。

第四节 进士及第

开元七年(公元719年)七月,十九岁的王维以一首《赋得清如玉壶冰》,获得京兆府试第一名的好成绩,成功登第。

玉壶何用好,偏许素冰居。
未共销丹日,还同照绮疏。
抱明中不隐,含净外疑虚。

> 气似庭霜积,光言砌月馀。
> 晓凌飞鹊镜,宵映聚萤书。
> 若向夫君比,清心尚不如。
>
> ——王维《赋得清如玉壶冰》

《赋得清如玉壶冰》是一首状物之作。因为是考场命题作诗,故在诗题前面冠以"赋得"二字。

"清如玉壶冰"是京兆府试试题,取自南朝鲍照《代白头吟》的"直如朱丝绳,清如玉壶冰",用"朱丝绳"和"玉壶冰"比拟有识之士的气节和操守。诗人鲍照感慨自己正直如丝绳,清廉如玉壶冰,却不容于世,被谗言诋毁,遭受贬谪,无以施展抱负,所以诗以言志,发不平之声。后来,"玉壶冰"便成为诗词中常见的一个意象。

王维这首应试之作,却表现不俗,为后人称道。

在王维笔下,盛放着洁白冰晶的玉壶这么美好,这些冰晶在阳光的照射下不会很快消失,而是和太阳一起映照着雕花的窗棂。玉壶、冰晶浑然相融,从外面望去,通体透亮,澄澈无比。冰的寒气在玉壶外丝丝萦绕,犹如庭院霜雪堆积;流光辗转,恰似台阶下空蒙的月色。早上的它,比能照见妻子之心的飞鹊镜还要洁净明亮;晚上的它,熠熠生辉,仿若车胤囊萤,可以照明读书。虽然玉壶冰如霜坚贞,似月高洁,但和先生的清奇骨骼相比,尚且有很大的差距。

诗句从明、净、光、亮等观察角度对玉壶冰进行描绘,兼用铺陈、比赋,盛赞玉壶冰的晶莹洁净,后两句从状物升华到喻人,以玉壶冰自勉,表现出诗人对于磊落澄澈的品格的推崇,画龙点睛,意境高远。

中举后的王维意气风发,策马扬鞭,开始准备礼部组织的春试。

在相当长一段时间内,唐朝的进士科考试并不是一考定终身。当时非常盛行行卷制度,所以,想要金榜题名,既要才德兼备,还要得到愿意提携后辈的王公贵族的推荐,方能达成愿望。

王维想,岐王和他如此交好,他在京兆府试中又取得较好的成绩,岐王会为他考虑周全的。

然而,事情并不像想象的那样轻易。

弟弟王缙告诉他,据坊间传闻,张九龄的弟弟张九皋得到玉真公主推荐,今年的第一名已基本锁定。

得知这个消息后,王维犹如泄气的皮球,眼底布满落寞之感。

弟弟劝他:"以兄长实力,定能折桂。你莫要灰心,不如去岐王府找王爷再作商议。"

王维听从弟弟的建议,赶紧到岐王府叩见,见过岐王后,方知弟弟所言非虚,岐王也正在为这件事犯愁。

玉真公主号"持盈",字玄玄,和金仙公主同是唐玄宗的同胞妹妹。玉真公主刚出生不久,母亲窦德妃就惨遭不幸。年幼的她和哥哥姐姐相依为命,童年生活如履薄冰。

缘于童年生活的不幸,玉真公主少年时期因渴望宁静生活,逐步踏上求仙问道之路。唐朝道教十分盛行,景云二年(公元711年),玉真公主拜道士司马承祯为师,正式入道。唐睿宗李旦当政时,出于对幼年丧母的女儿的怜惜,曾斥资在长安修建豪华精美的道观——灵都观。唐玄宗李隆基登上大宝后,对玉真公主百般宠溺,关爱倍加。开元年间及天宝年初,在洛阳建安国观,在王屋山建灵都宫,供妹妹修道,并给予玉真公主极其显赫尊贵的地位和权势。

唐玄宗信奉道教,热衷艺术,与玉真公主有着相同的爱好,所以,玉真公主常常代表唐玄宗皇帝出席一些道教活动。雅爱诗文的玉真公主以此为媒介，与盛唐的文艺名流交往甚多，对诗人入世起了重大作用。

玉真公主推荐的人选，岐王自然不便干涉。

不过，办法总比困难多，只要用心，机会还是会有的。岐王绞尽脑汁，终于有了眉目。

一天傍晚，岐王让王维换上锦绣袍子，抱着琵琶，带着他一起来到玉真公主邸宅。

岐王让王维在后堂等候，他先去前厅参见玉真公主。那里早已济济一堂，热闹非凡。听到下人禀报，人们都安静下来，齐齐跪拜迎接岐王。岐王见过玉真公主，并告诉她，今天他特地赶到洛阳来为公主妹妹祝寿，除了带来新丰的陈年美酒外，还有一份惊喜大礼，请公主妹妹笑纳。

看岐王一副神秘兮兮的样子，玉真公主愈加好奇这份大礼究竟会是什么。她知悉岐王的品位，对这份大礼亦格外期待。

只见岐王悄声吩咐手下人几句后，那人诺诺而去。

不一会儿，一阵悠扬的琵琶声从后堂传来，一位抱着琵琶的少年翩翩来到前厅，顿时全场哗然。

玉真公主何种场面没见过，但这样的开场却还是首次，确实令人惊喜。

更惊喜的是，弹琵琶的少年妙年洁白，如此风姿俊美，令玉真公主惊为天人。她大为诧异："他是何人？"

岐王笑笑回答："他是个琵琶高手，今天特来献艺，为皇妹的寿宴添彩。"

玉真公主和兄长们一样酷爱文艺，娴于音律，她微微点头，示意王维开始演奏。

怀抱琵琶的少年转轴拨弦，轻拢慢捻，一阵阵曼妙之音划过耳际，在前厅的上空回荡。

大弦嘈嘈,恰如骤雨朔风;小弦切切,宛若泉水叮咚。

霎儿草际鸣蛩,惊落梧桐;霎儿云阶月地,关锁千重;好似银瓶撞破水浆四溅,又如铁甲骑兵英勇厮杀,万箭齐发,满座为之动容。

玉真公主着实被惊到了:"这支曲子出自哪里,我怎么从没听到过?"

王维深施一礼,朗声答道:"此曲乃晚生新作《郁轮袍》,敬献给公主殿下,请公主殿下多多赐教。"

玉真公主连声称赞王维音律娴熟,技法精妙,实乃琵琶高人!

这时,一边的岐王赶紧过来助力:"此人不单擅长音律,诗文更佳,当今文坛无出其右。"

玉真公主心中暗喜,却没有作声。王维取出早已准备好的诗卷,让女官呈递给玉真公主。

玉真公主看过之后,兴奋异常:"《九月九日忆山东兄弟》《洛阳女儿行》《李陵咏》《少年行四首》原来出自你手。这些诗我经常吟诵,爱不释手,你是何方隐士?"

王维落落大方、彬彬有礼地上前回答:"鄙人乃太原王氏王维,参见公主殿下。"

"原来是太原王家后人,名门望族果真人才辈出,赶紧赐座!"

玉真公主让下人带王维到后堂更衣,面如美玉、目似朗星、玉树临风的王维令满座皆惊,公主让他坐在自己身边。

席间,宾主开怀畅饮,吟咏风雅,讲古论今。王维不卑不亢,谈吐不凡。玉真公主时不时被他吸引,眉目间满溢着赞许之色。

一旁察言观色的岐王看时机成熟,赶紧再添一把火,趁热打铁,他热诚地对身旁的玉真公主讲:"皇妹,今年春试若能以此人为榜首,诚为国之无上荣光。"

玉真公主点头称是:"皇兄唯才是举,此等才俊不可多得。"

岐王装出一副漫不经心的样子问:"为兄听说皇妹已经推荐举子张九皋为春试第一名人选?"

玉真公主爽然一笑:"不过随口一说,不必当真。"随即面向王维说,"以汝才情,第一名非你莫属。你若应试,我当全力举荐。"

出身望族,文采斐然,再加上玉真公主的提携,开元九年(公元721年),王维登进士第,时年二十一岁。

弟弟王缙也同科中了进士,太原王家双喜临门。

第五节 曲江游宴

在唐朝,士子从参加科举考试到进入仕途,有三场宴会一定不会少,其一是通过乡试获得举人身份后的鹿鸣宴;其二是通过礼部考试取得进士身份后的曲江宴;其三是新官上任后宴请亲朋同僚的烧尾宴。

最隆重、最风光的,当数曲江宴。顾名思义,曲江宴就是在曲江岸边举行的大型宴会。曲江位于西安古城的东南,以水流曲折而得名。开元、天宝年间,朝廷引终南山之水,将水面扩充千亩,围绕池岸建造芙蓉园、杏园、紫云楼、汉武泉、青龙寺、大慈恩寺、大雁塔等绮丽景观,亭台楼阁绵延不绝,花木繁茂,烟水明媚,是西都长安最大的皇家园林,最为风雅之所。礼部贡院放榜之后,唐玄宗皇帝就在曲江池旁的杏园赐宴游赏,邀请新科进士及达官贵人参加宴饮，所以曲江宴又称为杏园宴。

曲江宴究竟有多隆重多风光，宰相姚崇的曾孙子姚合曾在《杏园》一诗中心花怒放，挥毫泼墨："江头数顷杏花开，车马争先尽此来。"中唐诗人刘沧，即便进士及第时已白发苍苍，同样也是心情大好，诗兴蓬勃，以一首《及第后宴曲江》为后人留下一幅盛大欢庆的"曲江宴饮图"，让我们有幸从他这位亲历者的诗文中一窥端倪：

及第新春选胜游，杏园初宴曲江头。
紫毫粉壁题仙籍，柳色箫声拂御楼。
霁景露光明远岸，晚空山翠坠芳洲。
归时不省花间醉，绮陌香车似水流。

——刘沧《及第后宴曲江》

"十年窗下无人问，一举成名天下知。"开元九年（公元721年）春，王维和王缙兄弟二人同科登第为辛酉科进士，名动京师。消息传到蒲州，崔氏喜极而泣。族人奔走相告，庆祝王家长子和次子不负厚望，金榜题名，太原王家双喜临门。

阳春三月初三，旭日东升，王维和王缙兄弟俩一起参加由唐玄宗李隆基亲自主持，为奖掖新科进士举行的盛大宴会——曲江游宴。

曲江池位于曲江村，上游是芙蓉园里的芙蓉池，池水外流汇集成曲江池和另一条清流。曲水潺湲，柳暗花明。依水而建的曲江园林，和曲江一样曼妙多姿，四周环抱着大慈恩寺、大雁塔、杏园等名园胜地，花团锦簇，百草丰茂。迎风招展的酒旗，高低错落的拱桥，造型精致的假山、画船，以及人山人海的紫云楼、彩霞亭，构成了一幅美不胜收的盛世丽景图画。

为了便于从城北的大明宫穿行到城南的曲江，唐玄宗李隆基不惜花费重金，修筑一条长达八公里的豪华夹墙。三月初三上巳节这天，唐玄宗带着后宫佳丽，浩浩荡荡一行人马，穿过这道夹墙，登上曲江池畔的紫云楼观宴。岐王、宁王、申王、薛王、玉真公主以及朝廷里的王公大臣，甚至主考官裴明复都赶来参加这个盛会。

曲江园林，"钿车珠鞍""金鞭玉镫"纷至沓来；红男绿女、珠光宝气鱼贯而出；乐声震天，热闹非凡。

二十五位堪称栋梁之材的新科进士身着节日盛装，春风满面地奔赴杏园参加宴饮。

宴会伊始，新科进士首先要端正衣冠，一起面朝紫云楼方向叩拜，山呼"吾皇万岁万万岁"，感谢皇恩浩荡；然后给在座的皇亲国戚、王公大臣行晚辈之礼；再逐一叩拜主考官，叙师生之情，行门生之礼。

曲江宴上，新科进士除了叩谢皇恩、师恩，观赏曲江胜景外，还有一个环节就是品佳肴美酒，诗酒唱和，行浪漫风雅之事，尽兴尽情。

在曲江园林，人们环绕着水畔席地而坐，上游的人将酒杯放在盘子上，再将盘子放置在清澈的流水上，让其乘着水势漂流而下，酒杯漂浮到谁的面前，谁就举杯一饮而尽，临流赋诗，此唱彼和，这就是"曲水流觞"的典故。

无疑，大魁天下的王维，以他清贵的气质、出尘的风度，成为曲江大会上最耀眼夺目的一个。

何况还有岐王特意给他准备的琵琶。在岐王的建议下，王维以一曲激昂奋进、欢快跳跃的琵琶曲，将宴会的气氛推向高潮。在琵琶声中，与宴者士气高昂，语笑喧哗，响彻云天。

宴饮结束后，新科进士们戴花骑马遍游长安。

除了这些，还有一件重要的事情要做，那就是雁塔登高、留诗题名。神龙元年（公元705年），进士及第的张莒春风得意地登临大慈恩寺，兴之所至，笔走龙蛇，将自己的大名题写在寺内的大雁塔塔壁之上，引来众人围观，羡慕称好。自此后，新科进士纷纷效仿，将题名大雁塔视为人生的莫大荣耀。

进士们推举擅长书法者，将及第者的姓名、籍贯和及第的时间，逐一刻写在大雁塔下的墙壁上，寓示着步步高升、平步青云之意，他日若有人出将入相，再用朱笔将其姓名涂成红色。李肇在《唐国史补》中讲："既捷，列书其姓名于慈恩寺塔，谓之题名会。"这就是著名的"雁塔题名"。

盛大的曲江宴，成为全民之焦点，吸引来众多长安城里的名流、贵族和富豪，他们大多携儿带女，全家出动欣赏燕乐。有的是为了一睹名士风采；有的是为显示榜样的力量是无穷的，带领幼子来感受氛围，激发动力；还有的是为了给自家千金挑选乘龙快婿。更有待字闺中的名媛闺秀，前呼后拥，盛装而来，期待遇到自己心仪的新科进士，以完美实现"榜下捉婿"。

妙年白皙、温润如玉的王维收到诸多贵族、豪门和名媛抛来的橄榄枝，他却委婉谢却。

在这个喧腾热闹的时刻，他在心里默念着心仪女孩崔小姐的芳名，把眼前的盛况默默与她分享。他知道，那个静美贤淑的女子，此刻亦正在翘首以盼，盼良人早归。

王维不仅受到贵族、富豪的瞩目，连在紫云楼观宴的帝王都被他所吸引，唐玄宗这个音律、诗文皆拿得起放得下的全才皇帝，对王维的文艺天分也格外赏识。

唐玄宗唯才是举，任命王维为太乐丞，从八品，掌管宫中的礼乐事宜，也就是皇家音乐负责人，其祖父王冑曾就任的职务，当时叫协律郎。

这一年，同龄的李白还没走出蜀地，二十一岁的王维已名扬天下，成为大唐人心目中最耀眼的翩翩状元郎。

可惜的是，好友綦毋潜名落孙山。

所谓"三场辛苦磨成鬼，两字功名误煞人"，唐代科举取士规模极小，进士科得第更加不易，所收百才有一，再加上很多不可抗拒的因素，能够首战告捷的幸运儿屈指可数。唐朝以诗取士，但骆宾王、张若虚、王之涣以及李白、杜甫等诗坛高手都不是进士出身。边塞诗人高适四十六岁才经人推荐中有道科进士。我们熟悉的《游子吟》一诗的作者孟郊，不幸两次落第，直到四十六岁才榜上有名。据《唐才子传》记载，诗人刘沧屡举进士不第，进士及第时已白发苍苍。他与主持进士考试的郑薰年轻时就相识，及第后按照常礼去拜谢主考官。礼部侍郎郑薰感慨地说："当年你踌躇满志，意气风发，科举考试本应手到擒来。不承想一别三十载，你的头发都全白了。"由此可见有唐一代科举选拔竞争的激烈程度。

榜上无名的綦毋潜沮丧至极，长吁短叹。王维和朋友们常邀他一起喝酒散心，聊以安慰。綦毋潜原本也是豪爽性情，心态渐渐平复下来。

綦毋潜决定回到家乡江西，静心读书做学问，待来年再考。

王维依依不舍地将好友送到长安东郊的灞桥，在长亭下置酒设宴，为綦毋潜饯行。

圣代无隐者，英灵尽来归。
遂令东山客，不得顾采薇。
既至金门远，孰云吾道非。
江淮度寒食，京洛缝春衣。
置酒长安道，同心与我违。

行当浮桂棹,未几拂荆扉。
远树带行客,孤城当落晖。
吾谋适不用,勿谓知音稀。

——王维《送綦毋潜落第还乡》

送别诗,大抵难逃悲伤的底色,王维却另辟蹊径,不诉感伤,而是以知己的口吻,以诚挚感人的笔触,殷殷劝勉,孜孜鼓励,笔调昂扬,委婉尽致。这正是这首送别诗的特别之处,字字句句彰显盛唐气象:与白云齐舒卷,共沧海同阴晴。

他讲,当今太平盛世,圣上政治清明,唯才是举,有才华的人自然不会被埋没。我的朋友啊,暂时的失意请不要放在心上,请精神振奋,昂扬自信,大步向前,翘首以待。我们互为知己,同心同德,我始终相信,你的才华落地生根,终有花朵灿烂、硕果累累的时候。

这般发自内心的真诚和对朋友设身处地的深切关怀,怎不令人动容,刻骨铭心?

这番知己情怀,成为綦毋潜寂寞孤独的归乡途中的一抹温暖和感动,成为他夙夜苦读、重整旗鼓的莫大精神动力。

开元十四年(公元726年),綦毋潜一举夺魁,进士及第,成为唐代江西著名的诗人。

卷三 初登仕途惹牵累

第一节 红豆深情

遇一良人,儿女情长,人世间最幸福的事,莫过于此。

感谢上天的眷顾,在那个美好的夜晚,谦谦君子王维和窈窕佳人崔小姐邂逅,一见倾心,从此,三生石上结下今生注定的缘分。

王维和崔小姐的相遇,俨然《诗经》中的一句:"有美一人,清扬婉兮。邂逅相遇,适我愿兮。"称得上是不期而遇的惊喜。

那是三年前的春节,好朋友祖自虚病故之后,王维悲不自胜,决定返回蒲州,一来和家人团聚,二来修养身心。他乡纵有当头月,不抵家山一盏灯。无论何时,家都是游子永远的动力源泉。

上元节那天,他依照古礼,带着礼物和弟弟们一起去拜访舅父舅母。舅父舅母家在东城门,正逢上元节灯会,家家户户张灯结彩,热闹非凡。舅父舅母见到王维很高兴,热情地挽留王家兄弟几人住下,晚上带着他们去古城东边的普救寺附近观看灯会。

上元节的灯会,在唐代盛况空前。尤其在唐玄宗执政期间,长安的灯会规模宏大,燃灯数量达五万余盏。能工巧匠按照皇帝的指示打造巨型灯楼,有二十间房子之广,一百五十尺之高,金碧辉煌,雄伟高大。上有所好,下必甚焉,长安带个好头,全国上下燃起一片灯山灯海。

这是个美好的夜晚,古城蒲州的东西街市上,人流如潮,灯市如昼。家家户户的房屋门后,街市上的酒楼茶肆、商铺门面,都悬挂着精美绝伦的花灯。有白鹭转花、黄龙吐水、金凫银燕、浮光洞、攒星阁等,各式各样,绽放异彩。明黄、亮紫、橙红、橘黄、琥珀色、翡翠色,千树花开,万盏烛明,锦天绣地,流光溢彩。其品类之多,数量之大,色彩之艳,令人眼花缭乱,目不暇接。

"火树银花合,星桥铁锁开。"更有大朵大朵的烟花自星空炸开,盛放成硕大的花朵,犹如孔雀开屏,天女散花,菊花闹秋,海棠戏春。到处繁花似锦,明艳璀璨。五彩花团无根生,金丝银线尺尺彩。天空中,皓月高悬,它似乎也非常向往这盛世繁华,化身一轮银色华盏,为灯海人潮平添一份异样神采。

街市上人头攒动,川流不息,人们走在皓月、灯海之下,心花怒放,喜气洋洋。

王维和舅父舅母一行人随着人流前行,忽闻前方有丝竹之声,原来是一群青年男女在踏歌而舞。

王维和弟弟以及几个表兄妹随即加入舞者的行列,在激昂的短笛、羯鼓声中,一群充满活力的年轻人围在一起,踏歌起舞,衣带翩跹。

音乐响彻了一曲又一曲,才渐渐静了下来,踏歌的人停下脚步稍事休息。王维站定后欲转身寻找弟弟，扭过头，看到在他身后是一位面容娟秀的女子。女子身着一袭淡紫薄绢纱裙，袅袅婷婷地站在那儿，眉似春山，眸似秋水，在皎洁的月色衬托下，犹如清水出芙蓉。王维惊为天人，怔怔地看着女子，抑制不住怦怦心跳，不知所措。女子也注意到眉如墨画、目似朗星、一身书卷气的王维。四目相对，瞬间激起电光石火。她赶紧低下头，白皙的脸庞上飞上红霞朵朵

"满堂兮美人，忽独与余兮目成。"或许缘分就是这样，一眼望去，你就是今生我要找的那个人。

两人的尴尬被刚走过来的舅父舅母看到了，舅母笑呵呵地拉过女子，给王维和王缙介绍说："这是崔妹妹崔小姐，是崔成吏表舅家的千金。"

她又对女子说："这是太原王家长子王维，次子王缙，你的两位表兄。"

崔小姐满面飞红，微微欠身，向王维和王缙施礼问候。

表舅父崔成吏，王维曾在舅父家见过几次，不过这位小表妹还是第一次见到。他匆促还礼，回一声"表妹好"，就手足无措，没了下文。

回到舅父家后，王维脸色飞红，一副心事重重的样子。舅父舅母看出了端倪，觉得大外甥已经成年，婚姻大事也该提到议程上了。太原王氏和博陵崔氏同为望族，家世相当，两人年龄也合适。崔小姐知书达礼，貌美良善；外甥王维博学多才，儒雅俊秀，若两个人结为秦晋之好，委实太般配了。第二日，舅父舅母就兴冲冲地奔赴蒲州，和姐姐商谈大外甥的婚姻大事。母亲崔氏对这门婚事非常满意，即日就让舅父带着王维的生辰八字到崔家提亲。崔成吏早就看好王维的人品和文采，哪有什么异议，爽爽快快地便应允了这门婚事。

红绳一牵，逃不过三世宿缘。如是，太原王氏和博陵崔氏又成就一对好姻缘。两家商定先让两个孩子定亲，待到王维求取得名之后，再行大婚。

在王维离家奔赴长安的前一日，舅父舅母带着王维来到崔家向崔小姐的双亲告别，崔小姐的弟弟崔兴宗受姐姐所托，趁着长辈们喝茶聊天的工夫，悄悄带着王维来到后花园，和姐姐见面。

因为彼此心属，这一次再见面，两个年轻人都没了当初的无措，聊得非常投入，谈最近读的书，写的诗文，以及各自的喜好，意合情投，含情脉脉。王维把自己锦袍上挂的玉坠取下来，悄悄送给崔小姐。崔小姐小心收好，回赠王维一方丝绢帕子，上面绣着王维的诗句："独在异乡为异客，每逢佳节倍思亲。"两人情意绵绵，依依惜别。

自此，心有所属，每逢佳节，思念亲人、思念恋人的心情更加深重。

回到长安的王维，把绣着诗句的丝绢帕子收藏在贴身的衣袋里，每当夜读疲累或者烦恼袭来的时候，就拿出帕子端详。回忆和崔小姐相识、相恋的点点滴滴，内心温暖无比，所有困顿、烦忧云散而去。

后来，王维以其卓绝的才艺，畅游于岐王、宁王、申王和薛王府邸，王公贵族拂席迎之。

一次，岐王宴请南方来的一位朋友。席间，南方朋友送给岐王一个精致的匣子，打开匣子，只见里面盛放着几粒鲜艳浑圆的红豆子。岐王称奇，说未见过如此艳色的豆子。南方朋友侃侃而谈，言说这几粒红豆并非一般的红颜色豆子，它的神奇经历要追溯到很久之前。一位丈夫戍守边疆，妻子一个人在家中苦苦等待。每个黄昏和清晨，她都会站在门前的树下翘首远望，期盼丈夫早日平安归来。没承想最后却等来一个噩耗，从军的丈夫死于一场恶战。妻子闻听消息后，犹如晴天霹雳，巨大的打击让她失去精神支柱。她在丈夫亲手栽种的红叶子树下泣涕如雨，眼睛哭出汩汩鲜血，气竭而亡。

春去秋来，这棵红叶子树上结满了一树鲜艳的红豆，人们把它们叫作"相思豆"，也叫"相思子"。

在座的听了这个故事，无不唏嘘。岐王令王维以此为素材写诗。手握着晶莹圆润的红豆子，想着南方朋友所说的关于红豆的凄美爱情故事，想起远在蒲州的崔小姐，王维情不自已，一首《相思》欲罢不能。

红豆生南国，春来发几枝。
愿君多采撷，此物最相思。

——王维《相思》

"怕相思，已相思，轮到相思没处辞，眉间露一丝。"

小诗一气呵成，风格明快，却又委婉含蓄。含蓄的，一定是令人心动的。让人心扉一刹那柔软，久久徘徊不去的感觉，正是这首《相思》的婉曲之妙。

岐王令乐工谱曲，稳坐盛唐乐师第一把交椅的李龟年极其喜爱这首诗，在诸王面前深情献唱。满座皆惊，无不为之动容。

据《云溪友议》记载，安史之乱时，李龟年流落江南，一次他受邀在一家私人宴会上演唱这首《相思》，乐声响起，满座遥想唐玄宗逃亡去到蜀中，追思盛世繁华，怆然泪下。可见此诗在当时的巨大影响。

时至今日，这首言浅情深的小诗，仍在传递着情人之间的心心念念，成为古今相思曲的代言之一。

第二节　初太乐丞

开元九年（公元721年），年仅二十一岁的王维进士及第，即解褐为太乐丞，改换门闾，衣锦还乡。

"桃之夭夭，灼灼其华。之子于归，宜其室家。"不久，在母亲与舅父舅母的操持下，王维与崔小姐喜结连理。

太原王家张灯结彩，鼓乐喧天。金玉良缘，佳偶自天成，如花美眷，知心爱人，这就是世人对人间所有美满婚姻的最佳诠释。众宾客喜笑颜开，把最真挚的祝福送给两位新人。

进士及第，娶"五姓"女子为妻，对于很多人来说，是穷尽一生都难以企及的两件大喜事，如今同时降临在刚过弱冠之年的王维身上，怎不令人啧啧称羡？

大婚之后，王维便要到长安走马上任。王维意欲带着母亲和弟弟妹妹一起搬到京城居住，母亲却坚持留在老家蒲州。母亲言故土难离，自己年事已高，不愿背井离乡，到陌生的地方去。母亲崔氏师事大照禅师多年，褐衣蔬食，持戒安禅，早已习惯这样的安静，热闹的京城生活恐难以适应。她嘱咐王维和王缙要相互照顾，蒲州这边还有舅舅一家照看，让他俩安心在外边为朝廷效力。

王维只好尊重母亲的意愿，暂别母亲和另外几个弟弟妹妹，带着新婚妻子奔赴长安，奔向自己的远大前程。

这段光阴，应该是王维一生中最幸福美好的时光。

燕尔新婚的两个人，一起读书交游，一起煮酒烹茶，月光下弹琴，竹林中漫步，观赏一朵花的开谢，驻足一株草的荣枯，两情相悦,琴瑟和鸣。

虽然没有留下几许诗行,但在《寒食城东即事》这首诗中,美满甜蜜氤氲字里行间,令人称羡。

> 清溪一道穿桃李,演漾绿蒲涵白芷。
> 溪上人家凡几家,落花半落东流水。
> 蹴鞠屡过飞鸟上,秋千竞出垂杨里。
> 少年分日作遨游,不用清明兼上巳。
>
> ——王维《寒食城东即事》

寒食节是古代传统节日,一般在清明节的前一两天,据说是为了纪念春秋时期晋国大臣介子推而设,相传介子推辅佐晋文公重耳回国后,带着母亲隐于山中,晋文公放火烧山逼他出来做官,介子推抱树而亡。晋文公后悔莫及,为悼念他,在介子推被火焚死的这天,家家户户禁烟火,吃冷食,后相沿成俗。

为顺应民意,唐玄宗颁发诏书将寒食节拜扫展墓编入《大唐开元礼》中,特赦其三到五天的法定节假日。在寒食节这天,除了拜扫、祭祖外,民间还有插柳、踏青、蹴鞠、荡秋千、赏花、斗鸡、馈宴、咏诗等丰富多彩的户外活动,极大地丰富了当时人们的社会生活。

自然,王维和妻子也加入了这样的娱乐活动。寒食节这天,王维携娇妻到郊外游玩。

一条清澈的溪流,穿过娇艳的桃李花林,淙淙向前流去;清溪里绿色的菖蒲随风摇摆,依水而生的白芷草,在诗人的眼里闲适而安详。

溪流边坐落着稀稀落落的庄户人家,微风吹过,红色、粉色、白色的花瓣儿飘落在房檐上、院落里、门廊前,还飘落在水平如镜的溪流里，这些红的、粉的、白的小精灵，漂着漂着就远去不见了。不过，一会儿又有新的花瓣飘落了，红红白白，接连不断。

原野上，年轻的男男女女围在一起蹴鞠、荡秋千，欢声笑语，响彻云霄。小伙子身强力壮，球技高超，脚上的球凌空而起，高过了空中飞翔的鸟儿。

王维让妻子崔氏坐在秋千上，轻轻推送，秋千轻巧地摇摆起来，两人欢乐的笑声也随之荡起来。

这样蓬勃的盛世时光，这样生动的生活场景，携手知己爱人，每天这样开开心心地游赏玩乐，哪还在意什么寒食、清明、上巳，过什么节又有什么区别？

纵览《寒食城东即事》一诗，会发现诗人充满青春朝气，喜乐安宁的心态一览无余。

精通音律和多种乐器的李隆基登上皇帝宝座后，对音乐教坊非常重视，在全国上下召集人才成立专门的音乐机构"梨园"，来培养乐舞人才。"梨园"因广栽梨树而得名，后世"梨园子弟"的称谓，即来源于此。

太乐署是朝廷里的掌乐之官，主要负责调和钟律，乐的传习、祭祀、宴飨之乐的演奏，以及宫廷乐舞的管理排练。太乐署下设太乐令一人，太乐丞一人，部下还有乐正八人，典事八人，文武二舞郎一百四十人。因此，太乐令和太乐丞的任职官员必须精通音乐，熟悉音律和乐器。

在这方面，王维是不二选择。

首先，王维文采过人，才华早显，而且他的音乐素养全面而扎实。他的诗歌词秀调雅，韵律和谐，特别适宜谱曲传唱，他还擅于捕捉自然之音响，润泽无声，自觉地在诗中体现声律之美感，正如唐代宗在对《答王缙〈进王维集表〉诏》中对王维的综合评价："抗行周雅，长揖楚辞。调六气于终篇，正五音于逸韵。"给人以"百啭流莺，宫商迭奏"的音乐美感。

因而，宋人郭茂倩编撰的《乐府诗集》中收王维诗作近二十首，分别编纂在"相和歌辞""清商曲辞""近代曲辞""新乐府辞"中。

无独有偶，在《隋唐五代燕乐杂言歌辞集》及其附录《声诗集》中，王维诗有四十余首；明朝胡震亨在《唐音癸签》一书中着重记录："唐人诗谱入乐者，初、盛王维为多。"从这些数据来看，王维诗词中的音乐元素与时人喜欢的程度可想而知。

王维在音乐方面的天分和特长委实非常人所及，从另一方面而言，王维初登朝堂，即解褐为太乐丞，在用人方面，开元初期的唐玄宗，实属知人善任和用人所长。

王维的上司，时任太乐令的是出身于"鼓簧史撰，柱石邦家"的刘贶，刘贶的祖父刘藏器和父亲刘知几均善于辞章，刘知几文史造诣深厚。刘知几著述的史学专著《史通》，集史学批评之大成，直至今日，对后代的史学研究仍有借鉴作用。

有着这样渊源的家世和书香浸染，刘贶不仅博通经史，还在天文、律历、医学、算术和音乐等方面均有建树，著有《六经外传》《太乐令壁记》等经典文献。

强将手下无弱兵，有这样博学多识的大儒做领导，初入职场的王维除了欣喜有加，还有发自内心的敬慕和爱戴。

手下有王维这么一位气质儒雅、才高意广的得力干将，太乐令刘贶自然也是极为满意和省心的。

王维依旧是皇室宗亲的座上客，受到京城的王公贵族的追捧和看重。尤其是岐王，依旧和王维来往频繁，私交甚密。他不仅带着王维在京城游玩嬉戏，宴饮狂欢；还几次三番为王维请假，带他出宫游玩,带他到朋友家做客,带他到皇帝赐予的九成宫去避暑度假。

试想,身边有这么一个才艺卓绝、神采奕奕的人不离左右,谁不喜欢?诗、书、画无一不精,无一不能,时不时口吐莲花的王维,常常给岐王一行带来别样的惊喜和惊艳,让所有的出行和娱乐活动更加时尚风雅,更加提振精神。

伴随亲王出行,众人前呼后拥,欢宴游乐,歌舞升平,这样的日子轻松而惬意。《王维集》中的这三首应教诗,亦真实再现了王维这一时期的精神状态及行动轨迹。

杨子谈经所,淮王载酒过。
兴阑啼鸟换,坐久落花多。
径转回银烛,林开散玉珂。
严城时未启,前路拥笙歌。

——王维《从岐王过杨氏别业应教》

座客香貂满,宫娃绮幔张。
涧花轻粉色,山月少灯光。
积翠纱窗暗,飞泉绣户凉。
还将歌舞出,归路莫愁长。

——王维《从岐王夜宴卫家山池应教》

帝子远辞丹凤阙,天书遥借翠微宫。
隔窗云雾生衣上,卷幔山泉入镜中。
林下水声喧语笑,岩间树色隐房栊。
仙家未必能胜此,何事吹笙向碧空。

——王维《敕借岐王九成宫避暑应教》

在《从岐王过杨氏别业应教》这首诗中，"兴阑啼鸟换，坐久落花多"令人回味无穷。众人玩得尽兴尽情，谈天说地，意兴阑珊，枝上的鸟儿都换了啼声，一只飞走了，另一只，或许又另一只，又飞来了，石阶上的落花也已堆积得层层叠叠。简明的几句，就将别业优雅舒服的环境，主人的热情好客，宾主之间的惬意交流，夜深人静的油然倦意，如画般传神地展示出来。

而在《从岐王夜宴卫家山池应教》中，诗人以"兴味无穷"之笔，荡开消夏宴游之"无穷兴味"。来客的华丽服饰，主人的华美帐幔，水边的娇艳花朵，山中的皎洁月色，透过窗纱的翠色，飞泉带来的清凉，层出不穷的乐舞，在诗人的笔下活色生香、摇曳生姿。

《敕借岐王九成宫避暑应教》一诗，则围绕"避暑"二字取景设色，字字切中题意，"云雾生衣""山泉入镜""林下水声""岩间树色"，让人仿佛误入仙家福地，读之忘暑，直令心地清凉。

所谓应教诗，指的是应有身份的诸王的命令而作的诗。诗人吟诗，多是心有所感、兴之所至，方有诗情迸发，方有精句频出。而应教诗难免由于现场命题，出现临场发挥之局促。能出口吟诗，还吟得这样有文采的，在人才扎堆的大唐，亦不多见。

时时让人耳目一新，又这样温润如玉、风度翩翩的王维，怎不让人青眼相加？据《新唐书》记载，王维"名盛于开元、天宝间，豪英贵人虚左以迎，宁、薛诸王待若师友"，此言无虚。

身处盛世，仕途顺遂，姻缘和美。能人尽其才，且身边有欣赏自己、扶持自己的贵人，那么这个人离实现理想、奔赴远大前程的那天还会远吗？

大家都认为，是迟早的事。

第三节　殃及池鱼

雅爱文士的岐王李范，身边名流云集，诗人张谔、郑繇和刘庭琦亦在其列。

张谔在唐中宗景龙二年（公元708年）登进士第，后官至太祝，开元年间，他常跟着岐王李范出游，赋诗相娱。

　　半额画双蛾，盈盈烛下歌。
　　玉杯寒意少，金屋夜情多。
　　香艳王分帖，裙娇敕赐罗。
　　平阳莫相妒，唤出不如他。

　　　　　　　　——张谔《岐王席上咏美人》

这首《岐王席上咏美人》就是一首即歌即咏的应教诗，另外，他的《三日岐王宅》《延平门高斋亭子应岐王教》《岐王山亭》等都属于当时的作品，为时人称好。

郑繇出身荥阳郑氏家族，在嗣圣元年（公元684年）进士及第，开元初授右拾遗，后被封为岐州长史，常与岐王同游。

　　白锦文章乱，丹霄羽翮齐。
　　云中呼暂下，雪里放还迷。
　　梁苑惊池鹜，陈仓拂野鸡。
　　不知寥廓外，何处独依栖。

　　　　　　　　——郑繇《失白鹰》

岐王李范丢失一只豢养的白鹰，失落至极，郑繇挥毫落纸，题诗共情。这首《失白鹰》当时以为绝唱。

同与岐王交好的文人名士，一起应酬的机会就多了起来。

某一日，一位姓赵的武将被朝廷任命为都督，即将带兵前往代州（今山西代县）戍守边防。于是，王维一行置办酒宴，为他送行。

酒过三巡，诗人们的情绪激昂起来，有酒焉能无诗？有人提议，不如来个分韵赋诗的游戏，为文武兼修的赵都督壮行。

所谓分韵赋诗，即在众人约集赋诗之前，率先约定若干字为诗的韵脚，座中每人拈阄，然后依照所拈之字的所属韵目中所包含的字为韵，即席写诗，所拈之字须为诗中的一个韵脚。不过，最后落于哪一句，是作者的自由。

大唐本是诗歌王国，从文人才子，到王侯将相，到平民百姓，流风所及，无论是谁站起来都会大大方方地赋几句诗。分韵赋诗这个提议得到热切响应。于是，提议者积极准备起来，让在座宾客抓阄，以抓到的字韵七步成诗。

于是，抽取"开"字韵的张谔，站起身来就是手到拈来。

> 社金流茂祉，庭玉表奇才。
> 竹似因谈植，兰疑入梦栽。
> 乌将八子去，凤逐九雏来。
> 今夜明珠色，当随满月开。
>
> ——张谔《满月》

手拿"起"字的刘庭琦，遂做"起"字韵古风一首。

朔风吹寒塞，胡沙千万里。
陈云出岱山，孤月生海水。
决胜方求敌，衔恩本轻死。
萧萧牧马鸣，中夜拔剑起。

——刘庭琦《从军》

王维得一"青"字，他略加思索，一首流畅自然的五言律诗一挥而就。

天官动将星，汉地柳条青。
万里鸣刁斗，三军出井陉。
忘身辞凤阙，报国取龙庭。
岂学书生辈，窗间老一经。

——王维《送赵都督赴代州得青字》

这首作于送别宴席上的即兴诗，并没有像传统折柳相送的场景那样，满纸悲伤、凄楚之声，而是另起豪健笔锋，先以虚拟的语气，勾勒出赵都督挂帅赴边的英雄壮举和浩然之气，彰显赵都督不辞辛苦、保家卫国的忠心耿耿。尾联格调高亢，表述诗人不想像无用书生那样皓首穷经，不能为世所用，而渴望有所建树、济世报国的决心，这种壮志难酬的隐衷通过送别情借题发挥，独出机杼。这首情真意切的送行诗，一改王维以往淡远、自然、脱俗之风格，呈现出笔力雄大、意气风发、昂扬向上的盛唐气韵，令人共情和震撼。

然而，这般铿锵热血，这样的雄心壮志，终究被辜负了。

安逸和享乐从来不是人生的全部，命运常常在你毫无防备之时，给你狠命一击。

常伴岐王左右，生活优裕、意气风发的王维并不知道，伴君如伴虎，无限风光也即意味着悬崖峭壁。

唐朝的乐舞，经过秦汉时期舞蹈技巧上的拔高，加上南北朝时期对外来民族乐舞的吸收，更臻于成熟，成为古代舞蹈艺术发展的最高峰。歌舞在大唐人的生活中司空见惯，尤其是名流与达官贵人阶层，每每宴饮聚会，必有歌舞助兴。

开元年间，爱好乐舞的唐玄宗，从坐部伎及宫女中挑选出一大批能歌善舞的乐工、舞姬，设立梨园，专门从事歌舞的排练和演出，仪式华丽、规模宏大的宫廷燕乐舞蹈遂成为唐朝舞蹈的一大胜观。而太常寺下的太乐署，则是掌管朝廷祭祀、宫廷乐舞等礼乐事宜的最高行政机构。

李隆基的兄弟姊妹们都具有文艺天赋，尤其是岐王，爱好更多，琴棋书画均有涉足。文艺范儿十足的他喜欢热闹，喜欢交友，因为身后有李隆基这个兄长作为强大后盾，为人豪气，不拘礼节。

事就惹在这个"不拘礼节"上。

重阳节前夕，朝堂内照例安排有很多庆祝活动，太乐署紧锣密鼓地排练大型舞蹈《五方狮子舞》。新官上任的王维自然不敢懈怠，乐此不疲，潜心研究西域的波斯乐舞和北方的燕乐，加班加点编纂乐曲，指导乐工、舞姬按照新曲精心操练。

狮子舞最早由西域传入，随着佛教的盛行，舞狮子活动逐渐层见叠出。在百姓心目中，憨态可掬的大狮子成为吉祥如意、威猛强大的瑞兽标志。在重大节日里，人们敲锣打鼓，舞狮庆祝，寄予着人们希望驱邪辟鬼、求吉纳福的美好心愿，也彰示着李唐王朝的大国威严和盛世繁华。

一天，王维正在忙于公事，忽然听到手下通告岐王来访。原来，岐王从皇宫看望兄长回来，闲来无事，路过太乐署，便来看多日不见的王维在忙些什么。岐王驾到，蓬荜生辉，太乐令刘贶急忙带领王维及其属下一众人马夹道欢迎。一番热情洋溢的寒暄之后，也到了午饭时间，太乐令刘贶备置一桌精美的酒宴，盛情款待岐王。

宴饮自然少不了歌舞助兴，舞姬们身着彩色纱裙，在欢快的乐曲声中婀娜多姿，翩翩起舞。宾主觥筹交错，推杯换盏，几个来回，在座的都有些微醺之意。一支舞曲结束，岐王出手阔绰地赏赐领舞的舞姬，扬手一挥，让她们先下去。然后兴致勃勃地看着身边的太乐令刘贶说道："太乐署的乐舞确实技高一筹，颇有味道。不过，不如看黄狮子舞热闹。太乐令刘贶，你怎么看？"

刘贶略有迟疑，身边的王维更是一惊。在唐朝，关于颜色的使用权限戒律森严，譬如黄色只能是皇帝专属，皇帝的衣食用品才能冠之以明黄之色，就连舞狮子，平民百姓观看的只能是红狮子舞，黄狮子舞只有唐玄宗在才能观看，或者由皇帝特批才能表演。

气氛顿时有些凝重，面色微醺的岐王一拍桌子，大大咧咧地嚷道："我是皇上的亲弟弟，看个黄狮子舞，也叫个事儿？我三哥最看重手足之情。他说手足情分最亲密，让我想做什么就做什么，什么好玩就玩什么，我现在就想看看黄狮子舞，怎么，不能看，不让看吗？"

王维谨慎地向太乐令刘贶看去，意欲阻止。

可是刘贶并没有再坚持，他也一拍桌子，痛快地回应道："王爷想看，就舞一回。狮子舞是王乐丞亲自编演排练的，也请王爷看看操练得如何，替皇上把把关。"

上司有令，王维作为下属不能拂逆，只能无条件服从，一声令下，让手下伶人来为岐王等表演黄狮子乐舞。

不一会儿，由几名伶人扮演的"黄狮子"上场了，这些"黄狮子"身着金光闪闪的丝绒配饰，胖头胖脑、浑圆可爱的造型非常讨人喜欢。他们先面向宾客做出憨态可掬的形态，然后在穿着黄色服饰的狮子郎的逗引下，时而矫健迅猛，虎视眈眈，展示跌扑、登高、转腾、踩球等高难度杂技惊险动作；时而温顺活泼，做搔痒、舔毛、打滚儿、抖身子等可爱动作，配合默契，勇猛无比；除此之外，场上还有一百四十位乐工高歌《太平乐》为之伴曲，简直称得上视觉和听觉的饕餮盛宴。

岐王开心得哈哈大笑，大呼好玩好看："真乃我大唐风范，真乃我大唐风范！"

岂知，隔墙有耳。第二日一早上朝，就有别有用心之人将岐王私自观看黄狮子舞的事禀报给了唐玄宗。唐玄宗李隆基勃然大怒，当即一纸诏令，以僭越之罪将太乐令刘贶降职贬谪，发配到岭南蛮夷之地。王维也受到牵累，被贬到济州（今山东聊城），做一个管理仓库的小官——司仓参军。

王维感觉非常委屈，可是百口莫辩。事发之后，岐王闭门不见，宁王、申王和薛王等避之不及。这世上，锦上添花常有，雪中送炭难得。

万般无奈，王维只好收拾行装，带着爱妻离开长安。济州距离京师两千多里，偏僻遥远，考虑到妻子的千金之体受不了长途跋涉的劳累，决定暂将爱妻送回蒲州老家，再做打算。

夫妻俩风尘仆仆抵达蒲州后，收到家书的母亲，已在家中倚间而望多日。王维看到母亲双鬓的白发又多了一层，母亲和全家老小忙前忙后，为他俩接风洗尘。

次日早上，母亲将王维带到太原王家祖祠，给父亲和王家先祖敬香。一身褐色布衣的她，掌心相合，口中念念有词，神情那样虔诚、恬淡。

看着一身静穆的母亲，王维焦躁不安的心情渐渐平静下来。他在母亲一旁跪下，向父亲和先祖请安。

待一炷香毕，王维搀扶着母亲走出祖祠。在母亲事佛求福的后厅，他一五一十地讲述了事情的来龙去脉。

母亲静静地听着长子的倾诉，眼里满是怜惜和心痛，失去父亲佑护的长子少小离家，这一路走来，几多委屈、几多艰辛她都懂得。她明白官场上鱼龙混杂，有些事情绝非想象的那么简单。

"维儿不必太难过，人生路上，有志得意满的人前风光，亦有颠簸起伏的人后失落。心非心，物非物，心高于物，不受羁绊，方是佛家大智慧。维儿还年轻，前路尚长，若不执着于世间之物质名利，身心放空，得失随缘，则有大慈悲，大欢喜。"母亲温暖的手轻抚王维肩头，语重心长地宽慰儿子。

王维若有所悟，重重点头，告诉母亲他记下了，请母亲莫再为他劳心。

有情饮水饱，妻子崔氏恳求和王维一起奔赴济州，她言只要和夫君在一起，就不怕风餐露宿，长途跋涉。只想一路照顾夫君的饮食起居，为夫君分忧解愁，同甘共苦。

王维亦舍不得和妻子分开。可是爱她，就要护她周全。正如妻子以他为念一样，他也在为妻子做长远考虑。他以贬官身份降至济州任，前路一定有着很多不可预知的困难，他怎么舍得金枝玉叶的妻子跟着他舟车劳顿，到偏僻之地吃苦受累。

他断然摇头，眼神温柔而坚定，崔氏只得含泪收回自己的坚持。她让王维放心前去，照顾好自己，自己在家会尽长媳的责任，一心一意侍奉母亲；尽长嫂的责任，悉心照料弟弟妹妹。期望夫君一路平安，早日归来。

几日后，王维便和母亲、妻子依依惜别，带着家僮策马扬鞭，赶赴济州上任。

第四节 被出济州

正如母亲所料，伴君如伴虎，朝堂之上泥沙俱下、鱼龙混杂，有些事情远比想象的更为复杂。

王维此次降职被贬，事由黄狮子舞而起，但若追根溯源，乃是唐朝内部复杂的政治斗争所致。

据《资治通鉴》记载，开元八年（公元720年）十月，唐玄宗李隆基曾发布一道禁令，禁止诸王与群臣密切交结。封建王朝的皇帝本来就疑心深重，怕遭人背后捅刀，江山不保，加上李隆基多年来一直心存芥蒂，总担心历史重演。

当年，太平公主协助李隆基发动"唐隆政变"，除掉韦后及其党羽后，倚仗功大，不可一世。随后，她内结将相权贵，外联王公大臣，指使羽林军作乱，企图谋反篡位，像母亲武则天一样独霸天下做女皇帝。幸亏李隆基明察秋毫，联合岐王、薛王、兵部尚书郭元振等亲信，严密布局，杀伐果断，以雷霆之势，及时平息了这场动乱，拯救社稷于危难。

他所经历的，正是他所忌惮的，因而宁王、岐王、申王、薛王等，均在他的防范之列。唐玄宗这个在激烈宫斗中获胜的枭雄，绝对不能容忍任何威胁，绝不允许诸王有觊觎皇位的苗头，不允许他们结党营私。然而岐王李范却一直执念于小时候兄弟之间亲密无间的情谊；沉溺于他和三哥在"花萼相辉楼"的同坐奏乐；沉湎于李家兄弟一起热热闹闹地吃饭、喝酒、下棋，盖一床大被子嘻嘻哈哈地同床共寝的手足情深；耽溺于三哥对他的独特偏爱，天真地以为禁令只是给外人看的。三哥负责坐天下，而他负责吃喝玩乐、诗酒年华。

天性不拘的岐王，和身边一众诗朋酒侣来来往往，我行我素，毫无节制。

身份不同，思维模式自然不同。岐王的一意孤行，在皇帝眼里就是目无王法，大逆不道。人的欲望是无限膨胀的，你今天敢看黄狮子舞，明天就敢有坐金銮殿之心，朕的东西，谁敢来抢？遂借着黄狮子舞的由头，把与岐王、薛王等王公贵族交往密切的一批官吏、名流一网打尽，重者杖死，轻者贬谪流放。其中，驸马爷裴虚己因常私自参与岐王的游宴，交往密切，被迫与霍国公主离婚，流放至岭南的新州。因为常常与诸王赋诗相娱，歌舞宴乐，诗人刘庭琦、张谔也分别被唐玄宗李隆基寻个由头贬至四川雅州、山东山茌县赴职。综上所述，王维被贬，亦在唐玄宗敲山震虎之列。

弃之如敝屣，呼呼啦啦作鸟兽散。诸王安生了，皇帝病除了，可以安枕而卧了。唐玄宗李隆基隆重地安排诸王吃饭，假惺惺地给予宽慰："我们手足之间本来亲密无间，可总有一些趋炎附势的小人，无视王法，攀高结贵，曲意逢迎，离间我们的兄弟情义。他们的下场乃咎由自取，我绝不姑息，但也绝不因此而责备弟弟们。"

好一个兄友弟恭，唐玄宗李隆基高明的用人、防人之术，在这起事件中，表现得淋漓尽致。

一路上，车怠马烦，王维脑海里纷扰的思绪也从未歇止。

听了母亲的劝慰，他对被出济州之事稍觉释减。可是，身上的担子好卸，心灵上的抵牾却难除。佛家所谓的看破、放下，终不是那般轻易。

城中的几位老朋友来为他送行，他与之挥手道别，迷茫和孤独再次左右王维的心情，在诗中，他一吐为快。

> 微官易得罪,谪去济川阴。
> 执政方持法,明君照此心。
> 闾阎河润上,井邑海云深。
> 纵有归来日,各愁年鬓侵。
>
> ——王维《初出济州别城中故人》

诗人提及,官职卑微的自己,这次被贬去济州,拜皇上圣明、"依法办事"所赐。据《唐语林》记载:"王维为大(太)乐丞,被人嗾令舞黄狮子,坐是出官。黄狮子者,非天子不舞也,后辈慎之。"按照当时的礼制,手下伶人为岐王舞黄狮子,属于逾制,即违反规定。但这并不是王维所能阻止得了的,圣明的皇帝应该明晰,"明君照此心"。然而事情并不如此,当政者独断专行,人微言轻的他动辄得咎,所以走在贬谪途中的王维,心情非常落寞。虽然沿途山一程水一程,此去的济州人文、风景俱佳,但纵有好景亦虚设,他的心情就像天空中密布的彤云那般沉重。他明白,等到返回京城的时候,他还会和老朋友们再见面,可是此情此境,一眼望不到头,前途渺茫,归期遥遥。或许待到归来时,他已两鬓苍苍,儿童相见不相识了。

这首《初出济州别城中故人》一作"被出济州",从题目中就可以初见端倪。诗中有极度的失落,亦蕴含着一丝丝的希望;有开脱,亦多怨尤。诗人以委婉之笔,努力克制至怨而不怨,但对当权者为所欲为的怨愤之情,以及对结局的无奈之感,却是草蛇灰线。"执政方持法,明君照此心"一句极尽周旋,立言巧妙,体现诗人满腹委屈,却不得不端正态度,叩谢隆恩。故明代谭元春在《唐诗归》中评"极忠厚,极不忠厚",极为妥帖。初涉官场,毫无政治经验和心理准备的王维,无端背锅,任人宰割,深感自己的无用、无力,故发不平之鸣。

两个月前,他还是万人瞩目、踌躇满志的翩翩太乐丞,如今却满腹委屈,灰头土脸地走在贬谪的路上,任谁也不能不无动于衷,难以一霎儿就云开雾散、云淡风轻。想不通乃人之常情,年轻的王维亦概莫能外。

在这次事件中,太乐令刘贶也受到严重处罚,不仅他自己被贬出京,发配到岭南蛮夷之地,还连累了做史官的父亲。秉性刚直的刘知几为儿子愤愤不平,在朝堂上当众申辩,惹得唐玄宗龙颜大怒,将六十一岁的他贬职为安州(今湖北安陆)都督府别驾。

据说,史官刘知几因忠实于历史,秉笔直书,令唐玄宗心怀不满,借此机会把他降职贬谪,以示皇家威严。且时任宰相的张说,据说与刘知几矛盾较深,这也是"舞黄狮子案"背后的另一隐情。

花甲之年的刘知几,如何经得起长途跋涉,加之心绪悲愤难平,在安州上任不久就病逝了。

所有的突发事件,其实酝酿已久,只是你不明所以。

事已至此,只能让自己慢慢接受。王维明白,从现在开始,他只需要在乎三件事:家人、自己和心底的平静。

厘清事情的来龙去脉,心中的不满与困惑诉诸诗歌,王维的心情稍稍轻松了一点,这就是母亲所言的放空吧。

途经洛阳的时候,故地重游,王维想起从前同祖咏、祖自虚和綦毋潜等几个诗朋酒侣京洛宦游,诗酒唱和,"花时金谷饮,月夜竹林眠"的快乐,满腹的惆怅不由得又加重几分。

第二日早上,王维和僮仆继续策马前行,他让自己沉浸在"田父草际归,村童雨中牧"的恬淡祥和的自然风光里,试图放空身心,可傍晚抵达郑州时,依旧心绪难平,在虎牢关驿站,王维写下了著名的《宿郑州》一诗。

朝与周人辞，暮投郑人宿。
他乡绝俦侣，孤客亲僮仆。
宛洛望不见，秋霖晦平陆。
田父草际归，村童雨中牧。
主人东皋上，时稼绕茅屋。
虫思机杼悲，雀喧禾黍熟。
明当渡京水，昨晚犹金谷。
此去欲何言，穷边徇微禄。

——王维《宿郑州》

春秋时洛阳一带为东周封地，郑州属于郑国封地，诗人开篇即发出慨叹，自己早上还在洛阳的大街上走，晚上就到了郑州地界。彼时的郑州，远不如东都洛阳的繁华热闹。环境的变迁，让诗人心理上产生巨大落差，又恰逢秋风秋雨愁煞人，因而，疲惫的心，不出意外地被外物所奴役，遭贬赴边的委屈怨艾一触即发。

背井离乡，孤身为客，此时此地，和他相依为命、相亲相近的僮仆便是最亲近的人了。质朴的诗语，举目无亲、离乡的孤独凄苦之感力透纸背。前四句交代了诗人的行程及心情状况，让同在他乡有此相同心境的人情不自禁地产生共情，心酸至极。

很多时候，所谓的云淡风轻，只是给心情的一种疏导和提醒。天晴日照，云开雾散，谁说不需要一个过程？

接下来诗人笔锋一转，将凄清孤独的感情外化为眼前所见的"雨中秋景图"："宛洛望不见，秋霖晦平陆。田父草际归，村童雨中牧。主人东皋上，时稼绕茅屋。虫思机杼悲，雀喧禾黍熟。"诗人放眼山川风物，吟诗抒情，细品却是满目凄凉。

老农有家可回,村童有事可做,安然自在地日出而作、日落而息,可是被贬的诗人却远走他乡,有家难回,只能托付虫、雀之声,寄予自己的离情别绪。这又是一件多么无可奈何的事情。

"明当渡京水,昨晚犹金谷。此去欲何言,穷边徇微禄。"京水,发源于荥阳高渚山,郑州以上的河段称为京水,郑州以下的河段称为贾鲁河。金谷,古地名,在今洛阳市西北处,原为晋代富豪石崇的豪华花园,此处指代昔日的繁华。济州地处山东,邻近边海,所以谓之"穷边"。诗人言自己前往穷僻边远的济州就职,不过是为了微薄的俸禄罢了,还有什么话可言?这四句言简意明,收放自如,在自嘲中流露出更深沉的忧郁,贬谪的委屈和不平尽在不言之中。

好在还有诗,富贵荣华身外物,唯有诗书养精神。这首《宿郑州》,写出了诗人贬谪途中投宿郑州时的所见所感,诗中有画,画中有诗,颇有陶彭泽遗风。

第二天一早,王维舟行黄河,经敖仓到达郑州的辖县荥泽。北方秋天空旷的原野,成熟的庄稼,炊烟袅袅升腾的村庄,朴实的方言俚语,热闹的市井烟火,让他感觉亲切而自然,挥笔写下《早入荥阳界》一诗。

> 泛舟入荥泽,兹邑乃雄藩。
> 河曲间阛阓,川中烟火繁。
> 因人见风俗,入境闻方言。
> 秋野田畴盛,朝光市井喧。
> 渔商波上客,鸡犬岸旁村。
> 前路白云外,孤帆安可论。
>
> ——王维《早入荥阳界》

诗人娓娓道来，记录了荥阳的地理形势，以及河岸上的旖旎风光、风土人情，诗人移步换景，画面次第展开，浮光漾影，美不胜收。

告别荥阳，王维继续向东出发，舟行汴河到达汴州，汴州即现在的开封市。因雨受阻，王维滞留在汴州城。适逢仲秋时节，他带着僮仆在城内溜达，听闻高士——千塔主人居住在此，遂登门拜访，不巧的是，千塔主人出门云游去了，于是留诗一首。

> 逆旅逢佳节，征帆未可前。
> 窗临汴河水，门渡楚人船。
> 鸡犬散墟落，桑榆荫远田。
> 所居人不见，枕席生云烟。
> ——王维《千塔主人》

汴河两岸的田园风光，汴河人家怡然自乐的祥和与闲适，即便未拜访到想见的高人，也让诗人心底充满治愈感。

辞别汴州后，又经过一个多月的奔波，王维终于结束两千余里的长途跋涉，抵达山东济州。

贬谪路上的王维，一路走一路写诗，这些诗歌，以乐景写哀景，既无"潦倒新停浊酒杯"的衰颓，也没有"白发三千丈，缘愁似个长"的焦虑，而是让自己亲近自然，一步一步走出哀伤怨怒，走出一片广阔天地。

第五节　司仓参军

开元十年（公元722年），王维在偏远的济州小城任职司仓参军。

司仓参军是个管理仓库的九品小官，每天的工作琐碎而繁杂，无非是收取租赋，有关仓廪庖厨、财务等的收支记录等工作，日复一日，例行公事，乏善可陈，王维做得并不快乐。

虎落平阳被犬欺，刺史李大人是个趋炎附势的人，他两眼朝上，一心想攀龙附凤，升官发财，对王维这个贬谪之臣自然不放在眼里，态度极为轻狂无礼。因而，王维做得亦不舒心。

好在，因地临汶、泗、沂、洸、济五水而得名的济州小城，港汊纵横，莲苇绵蔓，风景秀丽。于是，心情郁闷的王维常常在闲暇之余，游历四方，寻幽访胜。晚年的王维，曾作过一篇题目为《送郓州须昌冯少府赴任序》的送别文章："予昔仕鲁，盖尝之郓。书社万室，带以鱼山济水；旗亭千隧，杂以郑商周客。有邹人之风以厚俗，有汶阳之田以富农。齐纨在笥，河鲂登俎，一都会也。"讲述了当时的所见所闻和风土人情。

某一日，王维带着几个随从到郓州的东阿县督查租赋收缴情况，公事处理完毕后，他带着随从赵化等来到鱼山西麓，凭吊陈思王曹植墓。

鱼山坐落于东阿县南部，其山形酷似甲鱼，故名鱼山。鱼山还有一个名字叫吾山，出自《瓠子歌》中"吾山平兮钜野溢"一句，乃汉武帝刘彻于黄河冲决瓠子河堤时的即兴诗作。汉武帝执政时期，黄河大水泛滥，淮河、泗水一带连年遭遇洪涝灾害，民不聊生。汉武帝完成泰山封禅后，派遣上万名士卒修筑堤坝，堵塞决口，成功控制洪水。老百姓感念这样的圣举，亲切地称鱼山为吾山。

鱼山不及泰山雄伟，占地面积也不大，却有着厚重的人文历史。

当年，被封为东阿王的曹植，曾在东阿结庐而居，有感于鱼山秀美的自然风貌，尝有临终安寝于此的心愿。太和六年（公元232年），因世子之争遭受排挤，年仅四十一岁的曹植郁郁而终，其子曹志遵照先父遗愿，依山营穴，封土为冢，将其遗骸迁葬于鱼山。在连绵起伏的群山中，这处墓冢攒峰耸翠，巍然肃立。两位风雅独绝的旷世才子神交已久。伫立在墓冢前的王维，仿佛穿越时光之河，与四百多年前的陈思王默然相视，惺惺相惜。

鱼山山顶有座鱼姑庙，也叫神女祠，关于神女，还有个动人的爱情故事。

据记载，三国时期，鱼山上姓成公名智琼的神女，对貌美才高的济北郡从事掾弦超情有独钟。每当夜幕降临的时候，神女会穿着绮丽的衣裙，飘然下山，来和弦超幽会，清晨则悄然离去。二人情投意合，浓情蜜意。不想弦超遭到同僚的嫉妒，有人遂向太守告发弦超失节，私下里与不明女子苟合，有伤风化。屡次三番，太守决定严查，弦超无奈说出实情。太守不信，派人每天监视弦超的房间，谁知此后神女消失不见，再无行踪。弦超怅然若失，郁闷不已。五年后，弦超到洛阳公差，策马到济北鱼山下时，前面忽然出现一辆花车，貌美如花的成公智琼端坐其间，面对着他，巧笑倩兮。从此二人重叙旧情，形影不离。据说，直到西晋太康年间，有人还见到过他们。

这个故事，在《神女赋序》《述征记》《搜神记》中均有记载，郭缘生在《述征记》中记录："魏嘉平中，有神女成公智琼降弦超，同室疑其有奸，智琼乃绝。后五年，超使将之洛，西至济北渔山下，陌上遥望曲道头，有车马似智琼，果至洛，克复旧好。"

　　王维为神女和弦超的故事所感动，下山的时候，适逢当地山民举行祭祀鱼山神女的仪式，在铿锵的击鼓、幽咽的洞箫声中，女巫翩翩起舞。望着眼前隆重热闹的祭祀场景，王维想起东阿王曹植，想起三闾大夫屈原，联系自己当下的处境，不胜凄楚，遂作《鱼山神女祠歌二首》，表露心曲。

> 坎坎击鼓，鱼山之下：
> 吹洞箫，望极浦；
> 女巫进，纷屡舞；
> 陈瑶席，湛清酤。
> 风凄凄兮夜雨，神之来兮不来？
> 使我心兮苦复苦！
>
> ——《鱼山神女祠歌·迎神》

> 纷进拜兮堂前，目眷眷兮琼筵。
> 来不语兮意不传，作暮雨兮愁空山。
> 悲急管，思繁弦，灵之驾兮俨欲旋。
> 倏云收兮雨歇，山青青兮水潺湲。
>
> ——《鱼山神女祠歌·送神》

　　民间祭神的场面，在诗人笔下绘声绘色，让人如临其境。明代桂天祥在《批点唐诗正声》中点评这两首诗曰："二曲俱由楚骚变化，而《送神》尤精致。"这两首骚体诗，巧妙地借鉴了楚辞的写作体式，兼有屈原《九歌》中祭祀的场面，融情于景，既暗喻神女成公智琼与弦超的爱情故事，又隐晦地显示非罪遭贬的主题，缠绵悱恻，凄艳哀婉。

在济州期间,王维并未以自己的贵族身份去拜谒当地的达官显贵,和他们鲜有往来。公事之余,他常去寻访当地的贤隐、僧道,和他们喝酒聊天,诗以酬答。

> 虽与人境接,闭门成隐居。
> 道言庄叟事,儒行鲁人馀。
> 深巷斜晖静,闲门高柳疏。
> 荷锄修药圃,散帙曝农书。
> 上客摇芳翰,中厨馈野蔬。
> 夫君第高饮,景晏出林间。
>
> ——王维《济州过赵叟家宴》

《济州过赵叟家宴》描述的是王维在济州赴赵姓隐士家宴的场景,前四句写赵姓隐士居住的环境、高洁的品行与生活情趣。虽然赵叟住的地方不偏僻,但是关上门,世俗即被关在门外。赵叟像孔子一样安贫乐道,言行举止皆流露出儒家风范。随后描述了赵叟的日常生活,田园情趣跃然纸上。夕阳斜照穿过门前高大稀落的柳枝,洒在深深的小巷里。赵叟每天侍弄田地,整理书籍,流年平静而祥和。最后写家宴的场景,客人在欣赏点评主人书案上的书法作品,主人在烹制佳肴,新鲜的蔬菜瓜果是刚从田野里采摘来的,美酒是自家酿制的,客人酣畅淋漓地品味美食美酒,直到日暮时分才告辞离开。

这首诗通顺流畅,平易可亲,字里行间表现出的,都是诗人对隐居生活的向往和对隐士生活情趣的赞美。

眼下的困顿并没有减少王维对诗歌的热爱,写诗成为他缓解压力的一种方式,成为他投身生活的一种动力,沉浸在深厚的文化积累中,暂时忘却身外的蝇营狗苟,让生命得以安然栖息。

> 解印归田里,贤哉此丈夫。
> 少年曾任侠,晚节更为儒。
> 遁世东山下,因家沧海隅。
> 已闻能狎鸟,余欲共乘桴。
>
> ——王维《济上四贤咏·崔录事》

> 宝剑千金装,登君白玉堂。
> 身为平原客,家有邯郸倡。
> 使气公卿坐,论心游侠场。
> 中年不得意,谢病客游梁。
>
> ——王维《济上四贤咏·成文学》

> 翩翩繁华子,多出金张门。
> 幸有先人业,早蒙明主恩。
> 童年且未学,肉食鹜华轩。
> 岂乏中林士,无人献至尊。
> 郑公老泉石,霍子安丘樊。
> 卖药不二价,著书盈万言。
> 息阴无恶木,饮水必清源。
> 吾贱不及议,斯人竟谁论!
>
> ——王维《济上四贤咏·郑霍二山人》

山人,一般指隐士或与世无争的高人,他们大多选择在山野、田园,修身、悟道,参悟自然。《济上四贤咏三首》分别写了王维和崔录事、成文学、郑公、霍子四位隐逸贤士的交往,他们抑或少年任侠,解甲归田,遁世东山;抑或"中年不得意,谢病客游梁";抑或"卖药不二价,著书盈万言"。王维诗礼相酬,迎来送往。和这些高卧林泉、躬耕山野、寄情于山水诗酒之中的文人墨客一见如故,携手同游,谁说不是惬意的人生?

只是,午夜梦回的时候,遥念家乡的母亲和妻子,免不了黯然神伤。所以,当王维由济州治所渡黄河向西北行至清河县城时,凝望家乡的方向,情不自已。

> 泛舟大河里,积水穷天涯。
> 天波忽开拆,郡邑千万家。
> 行复见城市,宛然有桑麻。
> 回瞻旧乡国,森漫连云霞。
>
> ——王维《渡河到清河作》

即便乡愁似海,王维依然能从大处着墨,书写黄河水波连天,沿岸城邑万家,桑麻繁盛,经济繁荣的景象,气势磅礴,风格明朗,同时也寄托了诗人的绵绵情思,言有尽而意无穷。

背井离乡,乡愁漫漫,若他乡遇故知,该是怎样的欣喜若狂?

开元十二年(公元724年),好朋友祖咏进士及第。第二年冬天,祖咏接受任命到东州就职,东行赴任路过济州,顺道与王维短暂相聚。

"有朋自远方来,不亦乐乎?"王维和祖咏素来相交友善,看到老朋友喜不自禁,赋诗相迎。

> 门前洛阳客,下马拂征衣。
> 不枉故人驾,平生多掩扉。
> 行人返深巷,积雪带馀晖。

> 早岁同袍者，高车何处归？
> ——王维《喜祖三至留宿》

祖咏才华出众，然个性卓绝，关于他的进士应试诗，盛传着一世佳话。

唐朝以诗赋取士，不过诗赋的格式有严格的规定。据《唐诗纪事》记载，祖咏在大唐长安参加进士科考的那一年，考官给的题目是"终南望余雪"，要求写出一首六韵十二句的五言长律。

咏物抒怀诗祖咏最擅长，不足一炷香的工夫，他一气呵成。

> 终南阴岭秀，积雪浮云端。
> 林表明霁色，城中增暮寒。
> ——祖咏《终南望余雪》

不过，不是五言长律，而是一首五言绝句。就像参加高考，你将命题的记叙文、议论文写成诗歌文体，自然不符合规定。主考官很负责，看到后马上提醒他，让他再补上几句。谁知祖咏却认为诗已"意尽"，添加成六韵十二句纯属画蛇添足，固执地坚持自己的想法。任性的结果就是再一次落榜了。

这首体物精细、状写传神的《终南望余雪》，虽然没有得到主考官的认可，却得到后世的一致公认，成为入选《唐诗三百首》的唯一一首应试诗。这首诗也被清王士禛盛赞为咏雪最佳之作之一，与陶渊明的"倾耳无希声，在目皓已洁"以及王维名句"洒空深巷静，积素广庭闲"并驾齐驱。

"行人返深巷，积雪带馀晖。"王维在《喜祖三至留宿》这首诗中，也给予祖咏极大的肯定。

互为知音，即懂你心声、知你进退；贵为知己，则以你的悲喜而悲喜，了解你像了解他自己。结交二十载，二人情同手足。好友终于苦尽甘来，进士及第，王维怎不替他高兴？

两位老友抵足而眠，彻夜长谈。王维为祖咏仕禄的坎坷而心痛，赠诗给予深切的理解和牵挂，诗语情深意远，情韵绵邈。

> 蟏蛸挂虚牖，蟋蟀鸣前除。
> 岁晏凉风至，君子复何如？
> 高馆阒无人，离居不可道。
> 闲门寂已闭，落日照秋草。
> 虽有近音信，千里阻河关。
> 中复客汝颍，去年归旧山。
> 结交二十载，不得一日展。
> 贫病子既深，契阔余不浅。
> 仲秋虽未归，暮秋以为期。
> 良会讵几日，终日长相思。
> ——王维《赠祖三咏》

祖咏回谢的酬答诗，同样开诚相见，情意可掬。

> 四年不相见，相见复何为？
> 握手言未毕，却令伤别离。
> 升堂还驻马，酌醴便呼儿。
> 语默自相对，安用傍人知。
> ——祖咏《答王维留宿》

人生最难是离分。仕路茫茫，前途未知，知己话别，别绪深沉。王维将好友送了又送，直至百里之外的齐州。

送君南浦泪如丝,君向东州使我悲。
为报故人憔悴尽,如今不似洛阳时。

——王维《送别》

"为报故人憔悴尽,如今不似洛阳时。"王维再一次追忆昔日诗朋酒侣"花时金谷饮,月夜竹林眠",相逢意气为君饮,京洛宦游、携手同欢的快乐,在寂寂的凉风里,望着祖咏的船只渐行渐远渐无迹,不由得又唏嘘慨叹一回。

老友之间的你来我往,诗词唱和,是孤单羁旅中不可或缺的心灵慰藉。窥一斑而知全豹,由此也可以见得王维在济州任上是何等的孤独煎熬,度日如年。

送好友祖咏上任后,很长一段时间王维的心情都难以平复。他在济州已任职四年,这四年,漫长而难挨。他秉承儒学,温良恭俭让,尽心尽力做事,可是却被遗忘在这一隅之地,备受煎熬。他不知道,自己什么时候才可以返回京师,重整旗鼓?

情郁于中,不得不发。孤独、茫然、无所适从的诗人一改往日的温文尔雅,借"狂夫"之语吐露澎湃心声。

楚国有狂夫,茫然无心想。
散发不冠带,行歌南陌上。
孔丘与之言,仁义莫能奖。
未尝肯问天,何事须击壤。
复笑采薇人,胡为乃长往。

——王维《偶然作六首·其一》

这首诗不过是诗人为自己的心理解禁,还灵魂以自由,诗以赋能，给郁闷的自己找一个宣泄口。

孔子云："不得中行而与之，必也狂狷乎！狂者进取，狷者有所不为也。"狂狷之士，不忌世俗，为人处世狂放不羁，当是胸中有块垒难消才佯狂如此。这首《偶然作》，充分再现了诗人当时的怨刺、愤懑之情。

他想像狂傲不羁的楚人那样，披头散发，行歌于旷野，不再听从孔子劝人出世的勉励，不再追随高士采薇隐逸，不再效法先哲叩问苍天和大地，不再为当政者歌功颂德，只愿无羁无绊做自己。然而，这种张狂、试图忘乎所以的背后，折射出的是心中的迷茫和惘然，是内心矛盾的反映。其症结所在，正是起句"茫然无心想"。

卷四 丧偶失子痛肝肠

第一节 裴仆射碑

开元十三年（公元725年），王维遇到新任的济州刺史裴耀卿大人，度日如年的贬谪生涯才稍稍裂开缝隙，透出一线生机。

和王维一样，裴耀卿出身高门大族，父亲裴守真，官至宁州刺史。裴耀卿自幼受到良好教育，加上才智过人，天赋异禀，八岁即考中童子科，二十岁便走上仕途，被任命为秘书省正字、相王府典签，因为处理政务干练果断而步步高升。

开元元年（公元713年），唐玄宗任命裴耀卿为长安令。在长安县，他改革了按户征收税赋的配户和市法，按田亩数向豪富人家征缴，宽严有度，赏罚分明，使穷苦阶层深受其益，受到老百姓的极大拥戴。

裴耀卿和王维两人之前在诸王府里曾经会过面，王维敬重裴耀卿的明敏、公正，裴耀卿亦欣赏王维的文采飞扬。如今两人成为上下级，二人都十分欢喜。

裴耀卿年长王维二十岁，对官场以及人生有着深刻而清醒的认知，他对王维的遭遇深表同情，语重心长地劝慰道：

"贤弟莫要悲叹沮丧，海不辞水，故能成其大；山不辞土，故能成其高。欲成大事，不在能知，乃在能行。贤弟乃万人之英，自强不息，上下求索，他日定会重返朝堂，平步青云。"

贵为长官的裴耀卿，以自己的远见卓识坦诚相见，并且热情鼓励，作为下属的王维，自然心怀感激，心无旁骛地投身到分内事务中。

裴耀卿素以严于律己、勤政爱民著称。他曾经养过一只鸟，但并不是像现代人一样把鸟儿当宠物来养，百般溺爱。而是物尽其用，精心训练，让它充当闹钟。在他的训练下，这只鸟会在不同的时辰啼叫，初更时啼叫三声，三声后他立即起床，闻鸡起舞，读书习字；五更时鸟则大声鸣叫五声，五声后他开始工作，批阅公文，处理政务。年年如斯，日日如此。

在这样严格自律的上司手下做事，自然受益匪浅，效率一流。

裴耀卿上任不久，就遇到了大事情，唐玄宗要封禅泰山，济州是必经之路。

年轻有为的唐玄宗李隆基登基后，以其雄才大略，开创了唐朝的鼎盛时代——"开元盛世"。开元十三年（公元725年），文武百官以圣上治世有功，封禅泰山、昭告天下为由，请圣上考虑封禅之礼。宰相源乾曜和中书令张说四次上疏，言辞恳切：

且陛下即位以来，十有四载，创九庙，礼三郊，大舜之孝敬也；敦九族，友兄弟，文五之慈惠也；卑宫室，菲饮食，夏禹之恭俭也；道稽古，德日新，帝尧之文思也；怜黔首，惠苍生，成汤之深仁也；化玄漠，风太和，轩皇之至理也。至于日月星辰，山河草木，羽毛麟介，穷祥极瑞，盖以荐至而为尝，众多而不录。正以天平地成，人和岁稔，可以报于神明矣。

听到这些溢美之词，唐玄宗不能不心花怒放，谦让几句后，欣然同意。

于是，十月初，唐玄宗随即率领文武百官、皇亲国戚以及外邦使者，千乘万骑，浩浩荡荡向山东开拔过来。

迎接圣驾到来，需要大量的经费支撑。而经费筹集的途径，不外乎增加税赋，在原有的税赋外临时加税。裴耀卿决定继续推行在长安县的做法，在王维的倾力协助下，济州府整饬税赋法，将税银按照田亩数公平合理地均摊于各家各户，并以"百姓若受到严重困扰，就不能以成事祭告上天"为由直言上谏，向皇帝奏请，将封禅的路线严密规划，尽量安排在城郭之外，避开百姓的田园农舍，避免打扰百姓的日常生活，将一切事宜安排得周密而妥当。

就这样，迎接皇帝的仪仗队，安排封禅人员的车马饮食起居，济州府既以盛大隆重的阵容风风光光地进行接待，也没有过重盘剥、滋扰百姓，令唐玄宗大为赞赏，对中书令张说夸奖说："朕东封泰山，沿途各州中，济州府处置得最为方便妥帖，政绩有嘉。裴耀卿心中有君有民，他的上疏，朕把它放在座右以自戒。"

以这样皆大欢喜的场面收梢，众望所归，裴耀卿和王维都松了一口气。岂知，等待他们的，又是一次巨大的考验——一场突如其来的涝灾突袭了济州这座城池。

入夏以来，济州连降大暴雨，黄河决口，犹如万马奔腾，几天工夫，大水便吞噬几十个州县，毁坏庄稼农舍无数。凶猛的潮头涌到济州城下，高达二丈八尺，高出城中平地一丈零九寸，随时有可能冲毁城墙，一泻万里。水火无情，迫在眉睫。

恰在这时，裴耀卿接到皇帝任命他为宣州刺史的诏书，有责任和担当的裴耀卿却没有借此机会脱离这危难之地，为了稳固民心，他身先士卒，投入如火如荼的抗洪抢险斗争中。

裴耀卿沉着冷静，亲临现场勘察水势，机敏果断地进行周密部署。王维连夜制订详细的计划与预算报告，多方筹备抗洪物资，保证粮、财供应，有条不紊地安置流离失所的灾民，积极协助裴刺史抗洪抢险。

裴耀卿和王维布衣草屦，率领济州大小官吏和驻地部队，夜以继日地加固城墙，众志成城，终于赶在最大洪峰到来之前，筑起一道结实的堤坝，把汹涌的洪水挡在城外。

大堤筑成后，裴耀卿和王维并没有因为解了燃眉之急而高枕无忧，而是就地召集济州当地的水务专家实地勘测水情，商议制订彻底解决黄河水患的有效方案。经过多方考证，决定因势利导，开凿济州北部的清河口，将洪水引入黄河故道，从根本上解除洪涝威胁。

经过近四十天的开挖建造，随着洪水回归黄河故道，终于，济州城外大水退去，百姓回归家园，开启灾后重建和恢复工作。

是时，裴耀卿才请出圣旨。济州的老百姓围着敬爱的刺史大人，依依不舍。次日一大早，裴耀卿启程前往宣州赴任，本想不打扰百姓悄悄离境，不承想，万人空巷，济州的老百姓扶老携幼，带着精心准备的米面蔬果，前来为裴大人送行，场面极其感人。

此次涝灾，因黄河决口，附近州县淹没房舍万间，良田无数，唯有济州一方得以保全。

老百姓最是明眼人，为民所想，民必厚之。为了永世铭记裴耀卿刺史大人勤政爱民的感人事迹，大家自发募捐，建造一座"裴仆射济州遗爱碑"，由王维亲笔撰写碑文（节选）：

公急人之虞,分帝之忧,御衣假寐,对案辍食,不候驾而星迈,不入门而雨行。议堤防也,至则平板榦,具糇粮,揆形略趾,量功命日,而赤岸成谷,白涛亘山,虽有吕梁之人,尽下淇园之竹,无能为也。乃有坏防之馀,冲波且尽,仅在而危同累卵,将坠而间不容发。公暴露其上,为人请命,风伯屏气以迁迹,阳侯整波而退舍,又王尊至诚,未足加也。然后下密楗,搴长茭,土篑云积,金锤电散,公亲巡而抚之,慰而勉之。千夫毕饭,始就饮食;一人未息,不归蘧庐。惰者发愤以踪勤,懦者自强以齐壮。成之不日,金堤峨峨,下截重泉,上可方轨,北河回其竹箭,东郡郁为桑田。先是朝廷除公宣州刺史,公惜九仞之垂成,恐众心之或怠,怀丝纶之诏,密金玉之音,率负薪而益勤,亲执扑而弥励。

"君子有责于斯世,力能救则救之,力能正则正之。"洋洋洒洒三千字的碑文中,王维以深情的笔触,记述了裴耀卿在济州的政绩,详细介绍了裴耀卿身先士卒,亲自率领百姓浚河修堤、抗洪救灾、保护家园的感人场面,赞颂了裴耀卿一心为公、不负于民的精神品质。文笔纵横,措辞有力,亦从侧面体现了所经之事王维亦亲力亲为,他对裴大人的爱戴之情,以及关心民瘼,期望百姓安居乐业、生活幸福的美好心愿跃然纸上。

第二节　屏居淇上

思乡，是游子一不小心就会触碰的情怀，是一刻洪涛汹涌的灾难。

裴耀卿济州刺史在任的时候，偶有闲暇，常和王维一起喝酒闲谈。酒为诗媒，喝着喝着，能诗善文的裴耀卿就开始吟诗，王维则欣然唱和，口吐莲花。

这样的场面，在诗歌盛行的唐朝，再正常不过。

两人异地为官，无疑，望远思归始终是逃避不开的话题。

> 高楼望所思，目极情未毕。
> 枕上见千里，窗中窥万室。
> 悠悠长路人，暧暧远郊日。
> 惆怅极浦外，迢递孤烟出。
> 能赋属上才，思归同下秩。
> 故乡不可见，云水空如一。
>
> ——王维《和使君五郎西楼望远思归》

这首是应和之作，可惜的是，其应之作没有保存下来，不过，不外乎思乡情怀。是的，孤独的时候想家，夜不成寐的时候想家，登高望远的时候想家，喝酒喝到动情处，不经意间，谈及的皆是家乡的山川草木。目之所及，都是家乡的方向。两人望尽天涯路，愁肠百结，故乡依旧遥远。

裴耀卿走后，王维依旧做他的司仓参军，只是，失去依傍的他，更加孤独。

开元十四年（公元 726 年）春，适逢唐玄宗大赦天下，获罪官员均在其列。王维果断辞去司仓参军一职，离开济州，返回家乡。

近乡情怯,归途中的王维,独自咀嚼无尽的凄凉。这首作于广武城的《寒食汜上作》,给人的感觉就是如此。

广武城边逢暮春,汶阳归客泪沾巾。
落花寂寂啼山鸟,杨柳青青渡水人。

——王维《寒食汜上作》

正值暮春时节,落花飘零,凌乱山坡。一只失群的山雀,独自站立枝头啾啾而啼,杨柳青青的渡口,寂寥无人。在诗人眼里,寂寂的落花,孤啼的山鸟,乃至无人折柳相送的渡口,都蔓延着无限悲凉的情绪,诗人的内心如眼前的水面,茫无际涯,空寂无依。

舟楫渡人,一颗无处安放的心,何枝可依?

人生最痛苦的是梦醒了无路可走,四年蹉跎,他不知该怎样面对对他寄予厚望、渴盼他早日归来的母亲和妻子。

在济州任职期间,王维拜访了很多乡野贤士、田舍老翁,他格外欣羡他们随性而为、淳朴自然的田园生活,希望自己能像他们一样不问世事,亲近林泉,无羁无绊,自由来去。

田舍有老翁,垂白衡门里。
有时农事闲,斗酒呼邻里。
喧聒茅檐下,或坐或复起。
短褐不为薄,园葵固足美。
动则长子孙,不曾向城市。
五帝与三王,古来称天子。
干戈将揖让,毕竟何者是。

得意苟为乐,野田安足鄙。
且当放怀去,行行没馀齿。

——王维《偶然作六首·其二》

面对现实,王维始终保持着异常清醒的认知,作为太原王家长子,他不仅要振兴家族,还要扛起照顾母亲、妻子及其弟弟妹妹的重大责任。为此,他内心万般纠结,矛盾重重,从《偶然作六首·其三》这首诗中可以窥得一二。

日夕见太行,沉吟未能去。
问君何以然,世网婴我故。
小妹日成长,兄弟未有娶。
家贫禄既薄,储蓄非有素。
几回欲奋飞,踟蹰复相顾。
孙登长啸台,松竹有遗处。
相去讵几许,故人在中路。
爱染日已薄,禅寂日已固。
忽乎吾将行,宁俟岁云暮。

——王维《偶然作六首·其三》

王维虽然十分向往"竹林七贤"、孙登等高士的隐居日子,可思忖过后,困于世俗之网的他,却不能不管不顾地独自归隐。

妹妹一天天长大,要为她准备一份嫁妆,弟弟们已成年,要供养他们读书,为他们操持婚姻大事。父亲早逝,家里没有积蓄,自己微薄的薪资只能糊口不足以养家,这都是当下面临的最为现实的问题。是时,他的二弟王缙虽然进士及第,但赋闲在家,并未被授予官位。母亲年龄大了,精力大不如前,家里事无巨细都须王维考虑和安排。他要孝敬母亲，尽长兄之责，维持家里的生计，怎能为一己之私，抛下应尽的责任和义务，一走了之？

释然内心，唯有自己。"爱染""禅寂"均为佛家用语，受母亲礼佛的影响，王维亦沉心佛法，以祈求内心的安静平和。

诚然，谁人能罔顾生计，脱离红尘牵绊，独自置身世外桃源呢？

> 陶潜任天真，其性颇耽酒。
> 自从弃官来，家贫不能有。
> 九月九日时，菊花空满手。
> 中心窃自思，傥有人送否。
> 白衣携壶觞，果来遗老叟。
> 且喜得斟酌，安问升与斗。
> 奋衣野田中，今日嗟无负。
> 兀傲迷东西，蓑笠不能守。
> 倾倒强行行，酣歌归五柳。
> 生事不曾问，肯愧家中妇。
>
> ——王维《偶然作六首·其四》

诗以言志。他说，陶渊明辞官归隐，放任其天然本真的性情令人羡慕有加，无奈家贫如洗，连喝酒的钱都没有，生计艰难，不能给予妻子和家人生活保障，自觉愧疚无比。王维对此心有戚戚。

王维从济州回到故乡蒲州不久，便带着妻子重返京城长安，希望可以依靠以往的人脉，谋得一官半职，东山再起。

然而，四年光阴，物是人非。由于唐玄宗不近人情的猜忌和防范，高官能臣皆绝迹于诸王之门，岐王李范噤若寒蝉，昼夜不安，迫于强大的精神压力，于开元十四年（公元726年）四月十九日病逝，年仅四十一岁。其他诸王更是关门闭户，不见来人。

好在，得益于前任上司裴耀卿的推荐，王维前去拜谒刑部尚书韦抗，在尚书府，韦抗热情地接待了王维。韦抗非常同情王维的遭遇，亦非常欣赏他的才名，意欲荐举王维做一份掌事的差事。《新唐书·韦抗传》记载："它所辟举，如王维、王缙、崔殷等，皆一时选云。"一时之选乃指这一时期的优秀人才。

岂料，韦抗突发疾病，一命归西。

屋漏偏逢连夜雨。由于韦抗的离世，作为优秀人才被举荐的王维，并没有被留到京城做掌事。开元十五年（公元727年）春，二十七岁的王维被安置到淇上（今河南北部淇县一带）做一个小官。

> 赵女弹箜篌，复能邯郸舞。
> 夫婿轻薄儿，斗鸡事齐主。
> 黄金买歌笑，用钱不复数。
> 许史相经过，高门盈四牡。
> 客舍有儒生，昂藏出邹鲁。
> 读书三十年，腰间无尺组。
> 被服圣人教，一生自穷苦。
>
> ——王维《偶然作六首·其五》

豪门、贵族把持仕途，才士坎坷不遇，王维对封建政治的阴暗、不合理现象深恶痛绝，却又无可奈何，心情沮丧到极点，从《偶然作六首·其五》中可窥见一斑。

有人潦倒失意，有人风生水起，世事向来如此。王维的好友房琯即是后者。

房琯是武周时期正谏大夫房融的长子,他勤奋好学,风仪俊美,生性淡泊,无半点贵族子弟陋习,成年后曾远离喧嚣,隐居在陆浑山潜心读书数年。物以类聚,人以群分。这般性情,和王维自然相投,两人私交甚好。

弘文馆是唐朝收藏图书、校理典籍的官署,乃唐朝文化名流的集聚之所。唐玄宗开元七年(公元719年),弘文馆招收来自皇亲国戚、一品官、宰相和功臣的三十八名贵族少年子弟,由弘文馆学士传授经史子集、书法礼仪,为朝廷储备人才。

得益于家族的恩荫,房琯有幸成为三十八名之一。

开元十四年(公元726年),房琯顺利通过"堪任县令科"考试,成为卢氏县令。

和好友多年不见,心情郁闷的王维,决定顺路到卢氏县拜访房琯,再和妻子崔氏一起奔赴淇上。

有朋自远方来,房琯大喜过望,在府衙置酒款待王维一行。两位好朋友推心置腹,把酒言欢。

卢氏县隶属今河南省三门峡市,山清水秀,林茂洞幽。房琯带着王维到卢氏县参观游玩,但见屋舍整齐,绿树成荫,田间小路纵横交错,鸡犬相闻。农民在田野里耕种劳作,安居乐业。

人间烟火气,最抚凡人心。王维非常羡慕这种淳朴自然、田园牧歌的生活,同时,他也为房琯的治理有方而赞叹,于是,咏诗相赠。

达人无不可,忘己爱苍生。
岂复少十室,弦歌在两楹。
浮人日已归,但坐事农耕。
桑榆郁相望,邑里多鸡鸣。

> 秋山一何净，苍翠临寒城。
> 视事兼偃卧，对书不簪缨。
> 萧条人吏疏，鸟雀下空庭。
> 鄙夫心所尚，晚节异平生。
> 将从海岳居，守静解天刑。
> 或可累安邑，茅茨君试营。
>
> ——王维《赠房卢氏琯》

在卢氏县逗留数日后，王维告别房琯，到淇上赴任。

淇上地处偏远，没有太多冗杂的公务和应酬。看江清湖深，官场残酷，读懂人情冷暖、世事无常的王维，开始习惯一种半仕半隐的生活。

> 屏居淇水上，东野旷无山。
> 日隐桑柘外，河明闾井间。
> 牧童望村去，猎犬随人还。
> 静者亦何事，荆扉乘昼关。
>
> ——王维《淇上即事田园》

这个宁静祥和的小乡村，风景秀美，田野平旷，太阳从高大的桑树和柘树上的枝枝叶叶的缝隙中穿透过来，洒下一地快乐的光斑。清亮的溪水在街巷间潺潺流淌，波光粼粼。黄昏时分，骑在牛背上的牧童悠然地晃荡在乡间小路上，可爱的猎狗，追随在小主人的身前身后蹦蹦跳跳，一起踏着斜阳回家。喜欢清静的诗人，早早关了荆扉，避开喧嚣。这样平平静静、不动声色的生活，实属安逸。

这首作于淇上的小诗，描绘了恬静自然的乡村田园风光。

屏居在淇水上的王维，和妻子崔氏的日常生活，大概也似这般闲适自由。

树在，山在，大地在，炊烟在，你在，我也在，这就是最好的岁月。恩爱的两人厮守在一起，忙有所值，闲有所趣，鲸落于海，凤隐于林，过自己喜欢过的日子，也是一种幸福和满足。

不过，抬头时看孤雁飞过，感觉还是孤独的。

孤寂的时候，渴望朋友来访一起叙旧，可是，相见时有多么的欢呼雀跃，告别时就有多么的不舍和感伤，这首《淇上别赵仙舟》深情款款，黯然伤情。

> 相逢方一笑，相送还成泣。
> 祖帐已伤离，荒城复愁入。
> 天寒远山净，日暮长河急。
> 解缆君已遥，望君犹伫立。
>
> ——王维《淇上别赵仙舟》

"相逢方一笑，相送还成泣""天寒远山净，日暮长河急"，诗人将这种离愁别绪鞭辟入里地进行描述，饶有深味，让读者感觉心怀相通，颇有共情。另外字里行间也反映出诗人的伤怀失意，所有心绪诉诸朋友，亦在情理之中。

屏居在淇上的王维并没有安于现状，两耳不闻窗外事。他多次上疏，表达自己的政见，却石沉大海，没有得到任何答复，不报。

他退隐躬耕，南山种田，却没有遇到风调雨顺的好年头，没有个好收成，衣食无着，不登。

他远离京城，没有机会参加朝廷举行的招贤纳士的盛会，看别人飞黄腾达，自己却屡遭冷落，不预。

他洁身自好，不愿卑躬屈膝，向豪门权贵阿谀奉承，不能。

漂泊异乡的他，心里无时无刻不牵系着家人的平安，但他的脚步却离家越来越远。

他不愿一辈子庸庸碌碌，毫无建树，希望以自己的才学经世致用，做出一番事业，而后功成身退。可是，所有的愿望都成空。

诗人借酒浇愁，愤懑、幽怨、惆怅、思念、果决，所有心绪如弦上之箭，不得不发，于是就有了这首抨击时弊、愤世嫉俗的《不遇咏》。

> 北阙献书寝不报，南山种田时不登。
> 百人会中身不预，五侯门前心不能。
> 身投河朔饮君酒，家在茂陵平安否？
> 且共登山复临水，莫问春风动杨柳。
> 今人作人多自私，我心不说君应知。
> 济人然后拂衣去，肯作徒尔一男儿！
>
> ——王维《不遇咏》

不报，不登，不预，不能。开端四个"不"字，将诗人彷徨、失意的心态展现得淋漓尽致，将诗人不遇、不得志、不被赏识的现状暴露得底朝天。这首诗以第一人称的口吻，发铿锵之音，以高亢愤激的笔调，壮强烈的经世致用之志，先声破胆，随云入渊，豪气与风骨跃然纸上。

第三节 王孟之交

大唐王朝这个诗歌帝国,文人清客常常以诗会友,来结识更多的朋友。王维和孟浩然便是在这样的际遇下相识相交的。

开元十六年(公元728年),王维的弟弟王缙已由侍御史转兵部员外郎,他利用职务之便,请求宰相张说为其兄长的仕途通融。张说和王家兄弟有同乡之谊,加之王维素有才名、威望,便举荐王维到集贤院下属的秘书监担任校书郎。

上任以后,王维又受到顶头上司、时任集贤院学士的张说的赏识,张说敦气节,重然诺,诗文俱佳,堪称良师益友。二人相处得非常融洽。

某一个秋日傍晚,张说邀请王维到太学做客,太学乃大唐的最高学府,来参加聚会的自然都是才学兼备之人。在这次聚会上,王维见到了骨貌淑清、风神散朗,人称"孟襄阳""孟山人"的孟浩然,又是一喜。

诗人间的聚会,自然少不了吟诗作赋。酒过三巡,众人微醺,适逢窗外新雨初霁,张说提议以此为话题作诗,众人纷纷附和。

孟浩然远道而来,又年岁稍长,众宾客一致推举他先来,孟浩然并不推辞,站起身来面向众人恭敬施礼,随即淡淡道出:"微云淡河汉,疏雨滴梧桐。"

微云,河汉,疏雨,梧桐,可谓寻常之物,但由动词"淡""滴"串联而出,云淡而有形,河汉清浅;雨疏而成滴,梧桐有声。视觉与听觉互相呼应,宛如天籁,勾勒出一幅别样清幽的秋夜画面,韵味深挚,清淡优美。

众人惊叹不已,无不为孟浩然飞扬的文采所折服,满座倾服,为之搁笔。

这两句诗,以《断句》形式,被载入《全唐诗》,传诵千年,与孟浩然其他优秀诗篇珠联璧合，连镳并轸，由此可见时人对此句的推崇。

王维非常敬仰孟浩然的才情，欣赏孟浩然为人处世的俊逸洒脱，二人诗风相近，性情相投，孟浩然年长王维十二岁，两人遂结为忘年之交。

孟浩然一直是不走寻常路的那一个。永昌元年（公元689年），孟浩然出生于襄阳城中一个薄有恒产的书香之家，是孟子的后人，孟氏有"不侍不明君主"之家训。小时候的孟浩然和弟弟一起勤奋攻读，业余时间则练习剑法。成年后，因不满唐睿宗统治时期的朝政，不肯入仕，与好友张子容同隐鹿门山。后来在长江流域一带漫游，广交诗友。

唐玄宗李隆基登基后，孟浩然决定出山求官。这次远赴京都参加春闱应举，是四十岁的孟浩然第一次来到长安城。

或许因为他隐居时间太久，或许自诩清高的他，并不适应当下的世情，在开元十六年（公元728年）春试中，名动公卿的孟浩然，竟然不幸落第。

唐代科举取士规模极小，进士科得第更加不易，竞争非常激烈，能够首战告捷的幸运儿屈指可数。高适自二十岁起即积极求取仕途，屡赴长安应试，但"累荐贤良皆不就"，直至四十六岁，才制举中第。所以，孟浩然此次失算，亦在情理之中。

初出江湖即名落孙山，孟浩然心情非常低落。王维也为好朋友倍感惋惜，常邀孟浩然一起喝酒聊天，予以宽慰。

一日，孟浩然来到集贤院拜访王维，两人品茶斗酒，谈兴正浓，忽然下人进来禀报圣上驾到。依照唐朝律令，布衣身份不能面见皇上。王维整理衣冠，恭敬施礼迎接圣驾。孟浩然没有经历过这种场面，吓得赶紧躲到床下。

唐玄宗看见桌上杯盏询问王维可有客人在此。王维不敢隐瞒，如实禀告。唐玄宗听后让孟浩然出来见驾，并说听过他的诗名，恕他无罪。

孟浩然从床下匍匐而出，战战兢兢地叩拜圣驾。

唐玄宗赐他就座，和颜悦色地说："朕听说你很有诗才，最近可有新作？"

身如筛糠、紧张至极的孟浩然听闻唐玄宗说新作，方稍做镇定。他深施一礼："微臣有一首新诗，恳请圣上赐教。"随即吟出诗作：

> 北阙休上书，南山归敝庐。
> 不才明主弃，多病故人疏。
> 白发催年老，青阳逼岁除。
> 永怀愁不寐，松月夜窗虚。
>
> ——孟浩然《岁暮归南山》

这首诗是孟浩然落第后的抒怀之作。作为亚圣后裔，饱读诗书，"辞赋亦颇工"的孟浩然，是多么自矜的一个人，本应光耀门楣，不料却名落孙山，斯文扫地，心情郁闷，忧愤难抑。落第后他一直走不出这样的心结，所以才有这样的率性而为，脱口而出。诗文字面上一连串的自责自怪，内里表达的却是欲说还休的怨天尤人。他以为吟诗只是吟诗，丝毫没有注意到听诗人的身份是至高无上的皇帝。

唐玄宗雅爱诗文，知晓音律，怎听不出诗中的况味。唐玄宗自登基以来，一直以求贤若渴、知人善任而自傲，哪受得了这种风凉话，还是当面"受教"。

"卿不求仕，而朕未尝弃卿，奈何诬我？"皇帝震怒，拂袖而去。

是啊，孟浩然那么多好诗，"野旷天低树，江清月近人""绿树村边合，青山郭外斜。开轩面场圃，把酒话桑麻"，随手拈来，就是一襟锦绣，华彩诗章。奈何吟出的诗，犹如泼出的水。书生意气的孟浩然，就这样错失良机，自毁前程。

得罪了皇帝就是得罪了官场，出仕无望，孟浩然决定离开京师返回襄阳。他还是习惯闲云野鹤般的隐士生活，身处山水田园中的他，才能抛却小心拘谨。

王维依依不舍地送别孟浩然，看着神情沮丧、两鬓斑白的好友，他很心痛，但他也只是一个九品的文职人员，这样的资历，帮衬能力实在有限，只能赋诗一首，为朋友宽怀。

> 杜门不复出，久与世情疏。
> 以此为良策，劝君归旧庐。
> 醉歌田舍酒，笑读古人书。
> 好是一生事，无劳献子虚。
> ——王维《送孟六归襄阳》

作为知心朋友，王维设身处地为朋友考虑打算。孟兄有文采，善辞章，风流潇洒，率真善良，奈何仕途乖舛。孟兄不必为落第而忧伤，更不必劳心去献赋求官。不如暂且回到故居旧地，归耕田园，喝醉了就在自家院子里吟唱，高兴了就读读古籍，坐拥林泉，怡然自乐，痛快一生。

没有虚伪客套，只有肺腑之言，这才是朋友间的赤诚相见。此诗虽出语平淡，但真情浓厚，已然可贵。

孟浩然感谢王维的诚意相待，回首这一年来在长安的经历，他百感交集，诗以酬答。

> 寂寂竟何待，朝朝空自归。
> 欲寻芳草去，惜与故人违。
> 当路谁相假，知音世所稀。
> 只应守寂寞，还掩故园扉。
>
> ——孟浩然《留别王侍御维》

他说我一个落第士子，所有的希望和期待每每落空，寂寞如影随形。长安虽好，但不被人看重，没有我的容身之所，又有什么可留恋的呢？不如暂且归去吧。

在这个炎凉世间，知音难觅。还好有你这位挚友，有你的理解和赏识，陪伴和宽慰，尚有诗可以抒怀，真是无比欣慰。虽然我们马上要分离，但是我已经很满足了。

别了，朋友！我要尽快离开这伤心之地，返回故里襄阳，关上柴门，厮守着故土，与那一方永远不会将我抛弃的幽静的田园，度过余生。

此后，孟浩然被张九龄招至幕府，但时间不长就辞去了。

孟浩然郁郁不得志，除了时运不济外，还与他自身性情有很大关系。韩朝宗宅心仁厚，常热心推举有才能的人到朝中做官。韩朝宗担任襄州刺史时，非常欣赏孟浩然的诗才，便邀请他参加宴饮，予以向朝廷举荐。岂料那天孟浩然却爽约，跟着朋友喝酒去了。有人提醒他去赴约，他置之不理，竟说和朋友喝酒比赴约更重要。一个亟待出仕的人，遇到贵人推荐，机会近在眼前，竟因饮酒而不履行约定，错失良机，这般性情，注定不适合做官。才气超然的孟浩然终生未仕。

风风雨雨又过了八年。八年后，王维调知南选，路过襄阳，决定到治城南园拜访好友，不曾料到，迎接他的却是故友的一抔新坟。原来，孟浩然背上长了一个毒疮，历经数月医治，即将痊愈。可这个时候，老朋友王昌龄前来襄阳造访，两个好朋友相见甚欢，纵情宴饮。孟浩然认为疮口已经痊愈，兴致勃勃地招待王昌龄，陪着大吃大喝，将郎中交代的忌食鱼鲜之事抛到九霄云外，结果毒疮复发，一命归西，时年五十二岁。

听此噩耗，王维在好友的坟前涕泪交零，痛哭失声。

故人不可见，汉水日东流。
借问襄阳老，江山空蔡州。

——王维《哭孟浩然》

小诗不长，却含蕴深沉。孟浩然曾有"人事有代谢，往来成古今。江山留胜迹，我辈复登临"的诗句，王维这首《哭孟浩然》，正是与故人的深情呼应。

天不假年，让人倍感痛惜。襄阳刺史在郢州刺史亭设宴为王维饯行时，特意邀请精通书画的王维为孟浩然画像，留作纪念。

王维欣然从命，精心绘制一幅《襄阳孟公马上吟诗图》，赠予刺史。画上的孟浩然，"颀而长，峭而瘦，衣白袍，靴帽重戴，乘款段马，一童总角，提书笈负琴而从，风仪落落，凛然如生"。

因为心中有故人，下笔才如有神助，画中人风仪、神态惟妙惟肖，如见真身。

刺史大人为王维神奇的画工而惊叹不已。感念王维的盛情和神笔，襄阳刺史遂将此亭更名为"浩然亭"，后改称"孟亭"。这座巍然屹立的"孟亭"，见证着王维与孟浩然之间的深情厚谊。

王维与孟浩然二人，继承了陶渊明田园诗和谢灵运山水诗的艺术特色，他们将山水田园、写景抒情有机地融合在一起，创造出诸多意境空灵、格调高远的优秀诗歌，成为盛唐山水田园诗的杰出代表，被后人尊称为"王孟"，他们之间的深情厚谊，诗来诗往，也成为一段佳话。

第四节　爱妻亡故

　　张说病逝后，开元十九年（公元731年）三月，张九龄擢秘书少监兼集贤院学士副知院事。文采出众的张九龄常奉旨为皇上撰写敕文。敕文即帝王诏书，也即人们常言的圣旨，是代表皇帝下发的意旨和命令，行文要求极高。张九龄书写敕文，往往不须起草，援笔立成。这样的实力干将，理所当然为唐玄宗所倚重。

　　张九龄待王维亦师亦友，欣赏有加。在这样德高望重、才学卓著的上司手下做事，王维感到既舒心又愉快。

　　奈何世事无常，命运的巨轮，能让自己掌控的机会委实太少。不久，张九龄因为母亲病故，辞官回乡"丁忧"。

　　开元十九年（公元731年），对王维而言，可谓诸事不宜。推举他的张说因病辞世，器重他的张九龄离职守制，好友孟浩然返回故里襄阳，独剩下人微言轻的他，在校书郎任上做得兴味索然。

　　好在，还有妻子崔氏的相依相伴。

　　崔氏有花儿一般的容貌，亦有花儿一般的性情，她知书明理，性情良善，照顾王维事无巨细，侍奉婆母体贴入微。王维也非常怜爱妻子，闲暇时刻常帮崔氏一起料理家事。

　　自出仕以来，王维一直在宦海中沉浮，漂泊无定，好在有妻子一直陪伴在身边，有爱人软语温言的宽慰，柔韧坚定的支持，帮助他化解所有的纠结和不快。

二人从一见倾心到携手相爱,从患难与共到同舟共济。崔氏不仅是王维的佳偶良伴,也是他的灵魂伴侣,还是他最得力的贤内助。

可是妻子的临产期越来越近,王维的心里却越发紧张。因为在那个时代,医疗技术非常落后,生孩子就像是走一趟鬼门关,很多女人踏进这道门槛,却再也没有出来。他非常担心,柔弱的妻子是否能经得起这场大难。

这一天,终于在全家人紧张的期盼中来临。

然而,生活的残酷总让人措手不及。崔氏难产,两个接生婆手忙脚乱,不知该怎么办。王维和弟弟飞马请来长安最好的医官,终是回天乏术。崔氏倒在血泊中,刚出生的孩子也没有了声息。王维的天,再一次塌陷。

"天地不仁,以万物为刍狗。"二十二年前,由于父亲突然病故,九岁的他成为一个再也见不到父亲的孩子。二十二年后,厄运再次降临,三十一岁的他同时失去爱妻和孩子,成为一个再也见不到妻子的丈夫,一个再也见不到孩子的父亲。

一天前,他还那么幸福,与爱妻柔情蜜意,举案齐眉。转眼间,阴阳相隔,再也不见。

这个寂静的夜晚,没有月亮也没有星辰,只有一根残烛,灰暗的烛火,映着王维苍白憔悴的脸。王维抚摸着妻子亲手缝制的衣物,感受着她昔日的温存,那些和她在一起的恬静的夜晚,一灯如豆,妻子崔氏坐在窗边一针一线地为他缝制寒衣。她乌黑的眸子,油亮的青丝,纤细的十指,依稀闪现在灯光的剪影里。他透过泪雾望去,寂寥的窗台,只有烛火在夜风中摇曳。同样寂寥的王维,睹物思人,茶饭不思,形销骨立。

王维的伤心憔悴,母亲看在眼里,也痛在心里。重忆二十二年前夫君去世的情景,她依旧有肺腑之痛。然而痛惜儿媳的她,亦心疼儿子,不忍看着儿子继续沉沦。她将儿子带进佛堂,带着他一起吟诵《维摩诘经》。

母亲掩却心底莫大的悲切,为儿子宽心。

"维儿,你可知,当年你父亲为什么为你命名摩诘?"

母亲轻抚儿子肩头,"普天之下,众生皆苦,心无惊怖,则安稳常在。维摩诘是佛教里最有成就的在家居士,人间乐趣与禅的智慧,他尽收囊中。维儿,愿你能以禅的智慧,安身立命,化解世俗悲苦,这是我和你父亲最初的心愿。

"三千繁华,弹指刹那,百年过后,不过一抔黄沙。万法皆空,唯因果不空。一切随缘,不攀缘。只有看透生死,才能得自在。红尘若梦,觉悟为佛,心若清净,世界无碍。"

母亲的一席话,王维牢记在心。这个世界上,有太多的事情让人无能为力,回不去的过往,不可期的未来,以及再也见不到的人。

既然无处可逃,不如坦然接受。既然难能如愿,不如选择放下。

所谓禅,不是逃避,更不是放任,不过是沉寂不平的心境,不过是超拔处世的智慧。

望着年逾古稀的母亲,王维深悉母亲半世的含辛茹苦,他不忍历尽沧桑的母亲再为他担忧。他犹记爱妻弥留之际的嘱托:"夫君……珍重。"他懂得那滴泪的爱怜和痛惜。

这一生,让他至爱与至痛,至喜与至悲的,除了母亲,就是妻子。可是,妻子死后,他没有留下任何诗句。

或许,这份深情只适合埋藏,不能变成诗,变成语言,那样就不再独属于他了

但不言不语并不代表遗忘。他将爱妻珍藏于心,三十年屏

绝尘累，以"余生不娶"来表达对妻子一世的追念。

在那样一个莺歌燕舞的时代，这更是一种难得。

第五节 巴山蜀水

开元二十年（公元732年），为了走出爱妻亡故的阴霾，三十二岁的王维辞去集贤院校书郎一职，开启漫游之旅。

此时，二弟王缙刚好在河南登封做县令，嵩山在登封境内，王维去登封看望弟弟，顺便在嵩山驻留一段时间。

嵩山高而险峻，以石奇、水秀、云诡、树美著称，是佛教禅宗的发源地和道教圣地，有着深厚的文化底蕴，隐士高人大多在此隐居。王维独自驾着车马，沿着溪水缓缓而行。夕阳西下，流水潺潺，暮归的鸟儿在斜阳里结伴还家。天色将晚，城池荒凉，古老的渡口旁，看不到归人。落日的余晖斑斑驳驳，洒满幽静的秋山，留下半坡温暖的金黄。诗人举目四望，远处大大小小的山头，在这片金黄中延展成一幅水墨剪影，宁静而耐人寻味。诗人回到山脚下暂居的小屋，掩上门扉，在自己的小天地里自由自在。

> 清川带长薄，车马去闲闲。
> 流水如有意，暮禽相与还。
> 荒城临古渡，落日满秋山。
> 迢递嵩高下，归来且闭关。
>
> ——王维《归嵩山作》

诗无达诂。这首诗,有人读出冲淡平和,有人读出落寞清寒,又或许,兼而有之。所谓读诗,大多读到的是彼时相似的心思罢了。

诗人不执念于一时一事,情与境会,清新自如,不求工而未尝不工。诗中表现的旨趣,为王维晚年亦官亦隐的生活埋下伏笔。

离开嵩山之后,王维一路向西,过咸阳,穿越秦岭、黄牛岭进入巴蜀之地。

危径几万转,数里将三休。
回环见徒侣,隐映隔林丘。
飒飒松上雨,潺潺石中流。
静言深溪里,长啸高山头。
望见南山阳,白露霭悠悠。
青皋丽已净,绿树郁如浮。
曾是厌蒙密,旷然销人忧。
——王维《自大散以往,深林密竹,蹬道盘曲四五十里至黄牛岭,见黄花川》

这首《自大散以往,深林密竹,蹬道盘曲四五十里至黄牛岭,见黄花川》正是途中所作。像极现代人写的旅行笔记,诗以记行,走到哪里写到哪里,想到哪里写到哪里。读万卷书,行万里路,写万里诗,用诗来记录生活,记录心路历程。

通过这首特别加长的诗题,我们也可以清晰地看到王维入蜀的线路。诗人由陕西西南的大散关,穿越深林密竹,再沿着盘旋山道行四五十里,抵达黄牛岭,旋即看见景色宜人的黄花川。

> 言入黄花川，每逐青溪水。
> 随山将万转，趣途无百里。
> 声喧乱石中，色静深松里。
> 漾漾泛菱荇，澄澄映葭苇。
> 我心素已闲，清川澹如此。
> 请留盘石上，垂钓将已矣。
>
> ——王维《青溪》

大散关位于秦岭北麓，自古被称作"川陕咽喉"，千年天堑，易守难攻，乃兵家必争之地。

"危径几万转""随山将万转"，均写出大散关山势的险要。诗人不畏险要，不畏沿途跋山涉水的辛苦，不止一次地循青溪入黄花川游历，在秀丽壮美的黄花川畔流连忘返，醉心于青溪的淡泊安宁。

一切景语皆情语。外在的风景，大抵是诗人心境的外化。所谓的情语，不只是诗人向外的体察，更多的是向内的自省。

青溪澄澈平静的天然景致，恰好契合王维自甘淡泊的性情，他想做个安静的垂钓者，安居盘石，与青溪长相厮守。

有那么一刹那，这湾青溪幻化成妻子崔氏清灵的倩影，她不施粉黛，素服青衫。

在王维贴身的口袋里，精心收藏着妻子崔氏当年绣织的丝绢帕子，上面"独在异乡为异客，每逢佳节倍思亲"的诗句格外触目。带着它，仿如妻子伴他左右，他们一起走遍万里山河。

十年的婚姻，他和她聚少离多，这一次，相爱的两人终于形影不离。

德不孤，必有邻。这次远游，除了寄情山水，颐养精神，王维还广交文友,诗酒唱和。

> 长安厩吏来到门,朱文露网动行轩。
> 黄花县西九折坂,玉树宫南五丈原。
> 褒斜谷中不容幰,唯有白云当露冕。
> 子午山里杜鹃啼,嘉陵水头行客饭。
> 剑门忽断蜀川开,万井双流满眼来。
> 雾中远树刀州出,天际澄江巴字回。
> 使君年几三十馀,少年白皙专城居。
> 欲持画省郎官笔,回与临邛父老书。
> ——王维《送崔五太守》

《送崔五太守》是一首非常特别的送别诗。这首诗的特别之处不在于"送",而在于其特色鲜明的诗句结构。王维巧用地名联诗,写崔五从长安到蜀地做太守,途经黄花县、九折坂、玉树宫、五丈原、褒斜谷、子午山、嘉陵江、剑门山、刀州、临邛等地,众多地名衔接,自然流畅,一气呵成,丝毫没有堆砌之感,既诠释了王维对友人行迹的关切,也表明他对这些地理位置的熟悉程度。同时,上知天文,下知地理,王维的博学多识可见一斑。

诗人寄语即将上任的崔五,希望他这个新任太守能像司马相如那样,体察民情,顺应民意,从而青史留名。

从诗中对友人的祝福之语可以看出王维对国事、民生的关注,《送梓州李使君》亦属于此类诗作。

> 万壑树参天,千山响杜鹃。
> 山中一夜雨,树杪百重泉。

> 汉女输橦布,巴人讼芋田。
> 文翁翻教授,不敢倚先贤。
> ——王维《送梓州李使君》

诗句以"万""千""一""百"四个数字一气贯之,描绘巴蜀清新明丽的山水风情,祝愿好友李使君奋发有为,不负先贤。诗境高远,格调明快,表现出诗人积极出世的心态。

"圣代无隐者,英灵尽来归。"正如王维送给好友綦毋潜的这句诗中表达的心情一样,正值政治清明的太平时代,有志之士不应该归隐林泉,应选择为国效力。

在巴蜀之地,王维边走边游,一路上,留下了许多名篇诗作,还创作了多幅笔法精湛的山水画。著名的《栈阁图》和《蜀道图》就是当时的画作。

开元二十一年(公元733年)暮春时节,王维从成都顺嘉陵江南下,抵达渝州(今重庆)附近的巴峡。

> 际晓投巴峡,馀春忆帝京。
> 晴江一女浣,朝日众鸡鸣。
> 水国舟中市,山桥树杪行。
> 登高万井出,眺迥二流明。
> 人作殊方语,莺为故国声。
> 赖多山水趣,稍解别离情。
> ——王维《晓行巴峡》

身处异乡,眼前流动着一副副陌生面孔,耳边充斥着异乡的方言,入耳的莺啼却是故乡的声音。这时候,怎不让人乡思萦怀?

纵然他乡山川秀美,景色宜人,莫如站在故里一亩三分地上踏实和亲切。

"人作殊方语,莺为故国声。赖多山水趣,稍解别离情。"后人评"黄钟大吕之音,迥异铮铮细响"。

他出门很久了,是时候重返长安了。

卷五 胸有丘壑写烟霞

第一节 诗献张相

朝中有人好做官。在唐朝,若能得到高官显爵的眷顾,被提拔和被重用的机会就会很大。当然,前提条件是,你得有被举荐和被重用的资历。

开元二十一年(公元733年)十二月,张九龄丁母忧结束后,旋即被唐玄宗召回长安。

大唐最不缺的就是人才,为什么独对张九龄如此倚重?

在唐玄宗眼里,张九龄不仅是才华横溢的诗人、文学家,还是忠耿尽职、有胆识、有远见的政治家,这样的人物哪个当政者不欢迎?

张九龄也是大唐百姓心目中最敬慕的贤相良臣,关于他的逸闻趣事流传很多也很广。

传说张九龄自幼聪明过人,六岁便能吟诗,时人称之为神童。

七岁那年，张九龄跟随家人到附近的宝林寺游玩。阳春时节，这座名刹香火繁盛，桃红柳绿，游客如云。张九龄和家人走散，自己一个人在大殿里闲逛。忽然听闻官兵传报太守率领州衙官员进香朝拜，殿前的香客连忙起身回避。张九龄把在寺门前折的桃花藏于袖中，落落大方地站立一旁，看着官员随从摆弄五色供品拜祭，毫无胆怯之色。

　　太守见这个孩子天真可爱，眉宇间自带英气，便想试探一下他的才气："这位少年，我出个对子，你若对上，这些供果你可以随意拿取。"张九龄信口答道："好呀。"太守早已看见张九龄袖口里的桃花，给出上联："白面书生袖里暗藏春色。"谁知张九龄面无难色，张口即来："黄堂太守胸中明察秋毫。"太守心里大惊，这个孩子了不得，决定再考考他："一位童子，攀龙攀凤攀丹桂。"张九龄看着面前的三尊大佛像，眉毛上扬，回应道："三尊大佛，坐狮坐象坐莲花。"太守与随从无不惊叹："此子日后定非等闲之辈。"

　　太守的眼光自然不差，景龙元年（公元707年），张九龄进士及第。那一年，张九龄被任命为校书郎。吏部选拔人才时，张九龄和右拾遗赵冬曦曾四次奉命参与评定被推荐人的等第，评判结果每次都能以公允服人。自此，张九龄凭借善于识人的才能被推崇。

　　开元时期的唐玄宗同样慧眼识珠，知人善任。他召丁忧结束的张九龄回来，即任命为检校中书侍郎，同年十二月，又委以重任，加封他为中书侍郎同中书门下平章事（宰相）兼修国史。

　　主理朝政后，胆略超人的张九龄，首先革新科举制度，将由考功郎掌管的贡举改革为礼部职掌，以文取士，以文选能，不遗余力地全面打造文人当政的政治局面。在选拔官吏方面，他整顿吏治，革除缘亲是举的流弊，主张公正选才，量才使用。

这些举措，为无数寒门士子指明出路，他们闭门苦读，希望通过科举以文采见用，实现远大抱负。

针对当时的社会弊端，张九龄倡导以"王道"治世，以民生为重，反对穷兵黩武；他主张轻刑罚，薄征徭，扶持农桑，并选拔德才兼备之士为地方官吏。通过这些施政方针，缓解了社会矛盾，对巩固中央集权，维护"开元盛世"起到了重要的作用。张九龄与姚崇、宋璟同被后世誉为"开元之世清贞任宰相"三杰。

他还直言敢谏，从不因唐玄宗对自己有知遇之恩而对其吹捧，违背原则粉饰太平，而是及时指出过错，加以劝谏，时刻警醒皇帝居安思危，勤政爱民。

八月初五千秋节是唐玄宗的生日，百官纷纷献上各种奇珍异宝为皇帝祝寿，讨皇上喜欢。张九龄也送了礼物，却别具一格，他花费数月的时间，加班熬夜，费心劳神地写成一部《千秋金鉴录》，洋洋洒洒十章，不可谓不用心，不可谓不重视，恭恭敬敬地捧着送给唐玄宗。

这部《千秋金鉴录》详细整理出历史上治国理政的各种案例故事，论述古代帝王的兴废之道，洞彻事理，入木三分，以劝谏唐玄宗吸取前车之鉴，及时扼杀安于享乐、懈怠国政的苗头。面对文武百官，朝堂上的唐玄宗"极其大度"地笑纳了，表面赞其用心，客气地道"爱卿辛苦"，并赏赐张九龄珍贵古籍以示奖励，内心实则翻江倒海着一百个不满。

张九龄能看出苗头，自然也能揣测出皇帝的心思。是人都喜欢听好听的，面对批评劝诫，有点抵触情绪在所难免，高高在上的皇帝也不例外。

但为了江山社稷、千秋大业，守正嫉邪的张九龄却并未收敛，依然我行我素，刚正不阿。唐玄宗的宠妃武惠妃，和亲信预谋废掉太子李瑛，立自己的儿子李瑁为太子，耳边风吹多了，唐玄宗心里亦有动摇。武惠妃忌惮张九龄从中作梗,让宦官牛贵儿去游说张九龄:"有废必有兴,张大人如若帮忙,宰相之位会坐得更长久。"

张九龄愤怒地斥退牛贵儿,参见皇帝,以隋文帝错废太子,终致失国的典故晓以利害,太子的位置才得以保全,平息了宫廷内乱,稳定了政局。

作为股肱之臣被唐玄宗看重的张九龄,除了他的文才、能力和政绩,还有他卓然不群的"九龄风度"。

张九龄特别注重仪表,一身儒雅气息,无论是居家、上朝,还是和朋友聚会喝酒,不管案牍多么劳累,加班加点多么疲惫,他都是精神焕发地站立在朝堂之上,衣冠齐楚,举止泰然,走起路来步履矫健,眉宇之间神采焕然。

古代的大臣们上朝时都要带着笏板。笏板又称手板、玉板、朝笏,以玉、象牙或者竹片等材料制成,由大臣携带着面见皇帝,以随时记录旨意,或提前在上面写好上奏的话,带至朝堂上报。笏板按照古制长约二尺六寸(古代的尺寸比现在略小),宽约三寸,是大臣不离左右的贵重物品。文武大臣们往往是把笏板往腰里随便一别,就鼓鼓囊囊地匆匆上朝了。张九龄觉得这样的装束有损斯文,便自己设计找人做了一个精致的护囊,把笏板装进护囊里。他只管衣袂翩翩、昂首挺胸地走在前面,仆人则捧着护囊小步跟在后面一起上朝。

唐玄宗非常欣赏张九龄的做派,称赞有加。很快,护囊成为一种时尚,大臣们花样翻新,争相仿效。

"九龄风度"深入帝心,令唐玄宗念念不忘。后来,张九龄的宰相职位被罢,每有权臣推荐人才,唐玄宗问的第一句话依然是:"风度得如九龄否?"

在唐玄宗的心里,张九龄的风度,不只是他卓绝的才气和非凡的仪表，还有他的正直品质和忠义节操。

张九龄让王维等臣僚仰慕追随的，除了他在诗文上的建树，还有他以德为政的高尚情操。

开元十九年（公元731年），张九龄任秘书少监兼集贤院学士副知院事时，王维在集贤院校书郎任上，性情相投的两人互相欣赏，相处极为融洽。张九龄这次擢升为宰相，无疑成为王维重回朝堂的最大福音。

尽管在仕途上历尽磨难，蹉跎十余年，王维还是选择积极入世。

王维以一首《上张令公》干谒宰相张九龄，干谒的意思是为谋求禄位，请见当权的人加以汲引。

> 珥笔趋丹陛，垂珰上玉除。
> 步檐青琐闼，方幰画轮车。
> 市阅千金字，朝闻五色书。
> 致君光帝典，荐士满公车。
> 伏奏回金驾，横经重石渠。
> 从兹罢角抵，希复幸储胥。
> 天统知尧后，王章笑鲁初。
> 匈奴遥俯伏，汉相俨簪裾。
> 贾生非不遇，汲黯自堪疏。
> 学易思求我，言诗或起予。
> 当从大夫后，何惜隶人余。
>
> ——王维《上张令公》

王维说，您位极人臣，每天出入宫禁，负责为天子起草、发布诏书等重大事件。您秉公尽职辅佐君王，使其成为圣明天子。

您整顿朝纲,让朝章国典得以发扬光大。您选贤择能,使圣朝无阙事,有志之士受到重用。您直言敢谏,使天子下诏罢角抵,力保太子维护国家安定。您顺应唐尧以仁政平治天下,修订典章法则,连鲁国旧礼都比之不及。您身份显贵,举止威严,有着汉相的风仪。在您的威仪震慑下,凶残的单于恐怕都不敢正视。

王维历数张九龄的政绩,直抒胸臆地表达自己的敬慕之情,他愿追随张九龄,和他一起报效国家,辅佐唐玄宗成为像尧舜一样的圣明君主。

开元二十三年(公元735年)秋,关中发生水灾,为减轻关中经济负担,唐玄宗带着满朝文武,从长安迁至东都洛阳。

是年冬天,张九龄提拔王维为右拾遗,到洛阳赴任。

拾遗是唐朝的言官,取"发现遗漏"之意,也称为谏官,为正八品官职。虽然职位不高,但地位不低,可以参与"廷议",评议朝政,谏诤皇帝,还有举贤荐才的职能。其地位不是一般八品官员可比。

王维对这份差事很满意,很尽心,这首《早朝》诗即是最好的印证。

> 皎洁明星高,苍茫远天曙。
> 槐雾暗不开,城鸦鸣稍去。
> 始闻高阁声,莫辨更衣处。
> 银烛已成行,金门俨驺驭。
>
> ——王维《早朝》

月明星高,曙光未亮,王维和同僚们都已衣冠齐楚,站立在宫殿外面恭候早朝。诗人勤于公务、积极上进的心态不言而喻。

上任不久,王维又以一首《献始兴公》,直抒胸臆,真切坦诚地回报张九龄的知遇之恩。

> 宁栖野树林，宁饮涧水流。
> 不用坐梁肉，崎岖见王侯。
> 鄙哉匹夫节，布褐将白头。
> 任智诚则短，守仁固其优。
> 侧闻大君子，安问党与仇。
> 所不卖公器，动为苍生谋。
> 贱子跪自陈，可为帐下不？
> 感激有公议，曲私非所求。
>
> ——王维《献始兴公》

王维说，我宁愿栖隐于林泉，守着清贫淡泊的生活，也不愿为追求荣华富贵而对王侯阿谀奉承。宁愿一辈子布衣，也不愿辱没气节、节操。我才疏学浅，愿固守仁义礼节于一生。卑职佩服您"为苍生"的济世精神，敬仰您清廉守正、任人唯贤、不结党营私、磊落光明的高尚品行。我愿在您手下供职，受您终身教诲。我很感激您出于公正之心的提携，我一定不会辜负您的栽培，时刻警醒自己，希望成为像您一样讲气节、重操守、慷慨仗义、刚正无私的人。

钟惺云："不读此等诗，不知右丞胸中有激烈悲愤处。"

这首《献始兴公》，既是对恩师的陈情表白，更是对精神知音的肝胆相照，所以不浮夸，不谄媚，写得坦荡明白。

开元时期，国力昌盛，经济发达，文化繁荣，整个社会形态元气淋漓，活力热情，形成朝气蓬勃、恢宏阔大的盛唐气象，王维写于此时期的诗歌正是基于这样的调子。

第二节 怅望荆门

开元之治后期,国家富足,天下太平,文化、经济超前繁荣,唐玄宗渐渐丧失先前的斗志,宰相张九龄虽然直言敢谏,尽忠尽责,仍无法拯救唐玄宗那一颗沉迷于安逸享乐、倦怠理政的心。何况,身边还有口蜜腹剑的李林甫的掣肘和粉饰太平。

和张九龄的忠直耿介、风骨凛然截然不同,同为宰相的李林甫善于机变,巧于钻营。他为了能明明白白地投机、示好,常常花费银钱收买、拉拢宫中皇帝亲近的宦官和妃嫔,对唐玄宗的举动和心事伺机打探,以至于每逢奏对,都能特别迎合皇帝的心意,好像和皇帝很知心的样子。

自然而然,习惯于李林甫的蜜语甜言的唐玄宗,对直言敢谏的张九龄就不那么看重了。

开元二十一年(公元733年),安禄山入朝奏事,颇有识人之道的张九龄观其言行,明察秋毫,对侍中裴光庭说:"乱幽州者,此胡雏也。"此话传到唐玄宗耳中,唐玄宗却没有引起警惕,只认为张九龄纯属多疑。

不久,安禄山因恃勇轻敌大败契丹,被幽州节度使张守珪押解进京,按照大唐律法执行斩刑。张九龄奏请唐玄宗,认为军令如山,应依法惩办。但唐玄宗却听从李林甫的建议,释放安禄山,让他继续回到幽州,戴罪立功,镇守东北边防,以彰显皇恩浩荡。最终养虎为患,为安史之乱埋下祸根。

不学无术的李林甫,非常妒忌张九龄的学识品行,为扩大自己的势力,推荐牛仙客担任六部尚书。唐玄宗欣然答应,却遭到出于公心的张九龄的反对:"尚书之职,只有德高望重的大臣方可胜任。牛仙客目不知书,突然被提拔到清要之位,有失公允。"

唐玄宗提出要论功行赏,对牛仙客追加封予爵位。张九龄再次严词拒绝:"充实仓库、厉行节约等军政事务,乃牛仙客本职工作,不足以论功。太宗定下制度,边将可赏钱财,不可封爵。"祖训不可违,唐玄宗被噎得哑口无言,非常不痛快。

善于察言观色的李林甫焉能放过这样的表现机会。退朝后,他在内殿侍奉左右,极力逢迎:"皇上圣明,牛仙客实乃宰相之才,张九龄自恃清高,不知大体。"

如此善解圣意,主子怎能不欢心。

第二日,唐玄宗再次提出要加封牛仙客官位,张九龄仍固执己见。

唐玄宗一脸黑青,怒而拍案:"牛仙客寒门出身,难道张卿就出身名门吗?"

张九龄叩头谢罪,语气却不卑不亢:"臣本岭南荒野之地出身,不如牛仙客之中原家世;承蒙陛下错爱,以文学用臣。陛下曾言'官不滥升,才不虚受,惟名与器,不可以假人'。牛仙客不读诗书,若委以重任,恐不孚众望。"

心怀社稷之人,铁骨铮铮,言必有据,每一句都是擂在鼓点上的一记重锤。

唐玄宗反击不得,愤愤然拂袖而去。

李林甫背后再次进言:"只要有能力有作为,何必满腹经纶。天子用人,有何不可?"唐玄宗长出一口气,觉得还是李林甫贴心,有大局意识,不像张九龄那样因循守旧、认死理。我堂堂天子看上的人,焉能有错?于是,当即下诏任命牛仙客为陇西郡公。

经过这件事以后，在用人方面，唐玄宗逐渐没有耐心听取张九龄的逆耳之言，而更加依赖"善解人意""明白事理"的李林甫。

开元二十四年（公元736年），张九龄被免去知政事。同年十一月，牛仙客被任命为工部尚书、同中书门下三品。牛仙客遇事不敢轻易决策，更不敢违背李林甫的指令，朝中大小事，皆由李林甫一人做主。

次年四月，张九龄荐举的监察御史周子谅，因上疏弹劾牛仙客无宰相之才而触怒唐玄宗，被杖责身亡。李林甫借此大做文章，极尽谗言。张九龄因举荐不称职，被盛怒之下的唐玄宗追责，贬为荆州大都督府长史。

张九龄不仅是盛唐文人的精神领袖，更以"一代文宗"的成就引领着盛唐诗歌的发展方向。他的诗歌前期词采清丽，情致深婉，后期风格朴素遒劲，对盛唐诗歌的繁荣有着极其深远的影响。明代文学家胡应麟盛赞他："张子寿首创清淡之派。盛唐继起，孟浩然、王维、储光羲、常建、韦应物，本曲江之清淡，而益之以风神者也。"王维后期的山水田园诗，以诗境空灵、空静见长，受其影响可见一斑。

不愿为追求功名利禄而屈己媚世，进退裕如，这样的人生态度，是王维一生倾慕和追随的榜样。恩师张九龄，是王维一直崇拜且想成为的人。

张九龄罢相后，朝政陷入混乱与黑暗之中，开元时代的政治清明、纯良政气荡然无存。为人狡诈、口蜜腹剑的李林甫独揽大权，只手遮天，满朝文武如履薄冰，噤若寒蝉，唯恐落得被贬官流放的下场。

"九龄既得罪，自是朝廷之士，皆容身保位，无复直言。"据《资治通鉴》记载，张九龄被贬荆州之后，迫于李林甫的淫威，满朝文武但求自保，不敢直谏皇帝，不敢为张九龄多说一句话。

只有王维，不忘旧情，不怕遭受打压和牵连，敢于为恩师打抱不平，敢于主旨鲜明地写诗《寄荆州张丞相》，遥寄恩师张九龄，表达自己的感恩和尊崇之情。

> 所思竟何在，怅望深荆门。
> 举世无相识，终身思旧恩。
> 方将与农圃，艺植老丘园。
> 目尽南飞雁，何由寄一言。
>
> ——王维《寄荆州张丞相》

我思念的恩人在何方？奈何重山叠嶂，道路阻隔，我只能心怀怅惘地遥望荆州的方向，遥望你越来越远的背影。

我寒窗苦读，仕途坎坷，希望以平生所学造福社稷，实现理想抱负，可未曾遇见赏识和信任我的人。承蒙张丞相的看重和栽培，才让我得偿所愿，有了用武之地。您的知遇之恩，令我没齿难忘。

您遭受不公正的待遇被贬荆州，我心里非常难过。我愿追随您的步伐，退出这污浊不堪的官场，归隐山林，躬耕田园。

那一行行振翅南飞的大雁，可否将我的心意、我满腹的愁绪，传送给我那在荆州的恩人？

"举世无相识"写出与恩师分离后形单影只、举目无亲的巨大孤独感；"终身思旧恩"道出诗人思念、怀望、感恩、报恩的真切心声。

这首诗朴实无华，浑然天成，发自肺腑，真挚感人，既有对恩公张丞相的尊崇和牵挂，也有一言难尽的苦衷。恩师惨遭罢相贬官，奸相李林甫一手遮天，忠良之士受到排挤打压，朝政日趋昏庸腐败，他在朝堂失去依傍，进退两难，这些都是诗中满溢的言外之意。

斯时的王维,面对残酷的现实,不同流合污,不刻意逢迎权贵,而是铁骨铮铮,无所顾忌地写诗相寄,表达诉求,勇敢无畏地让自己置身于政治动向的风口浪尖,立于危墙之下。这样的王维,堪称真的猛士。

被贬荆门的张九龄收到王维的诗作后,亦有相同的感慨,遂你来我往,回诗酬答。

> 荆门怜野雁,湘水断飞鸿。
> 知己如相忆,南湖一片风。
> ——张九龄《答王维》

小诗言简意深,寄托遥深,令人回味无尽。心怀坦荡,卓尔不群,张相的胸襟、风度,于诗中举目直见。

张九龄说,同为天涯沦落,南湖的风,也会将他的思念,吹到长安。诗以"知己"相酬相忆,与王维的诗遥相呼应,精神秀出,惺惺相惜。

尘世中,最令人动容的,是在我生命中最难的阶段,还有你,始终和我站在一起。

第三节 大漠孤烟

漫漫人生路,说到底,活得还是一种心态。

来日方长,不必纠结于当下。山有顶峰,湖有彼岸,万物皆有回转。人生的意义就在于，当你越过旧日的半亩方塘，奔山赴海，满怀信心地面对生活中的突如其来；当你经历过一些事情后，就会成为自己渴望成为的模样，眼前的风景，亦不一样了。

王维作为张九龄最亲近的党羽，没有急着和恩师划清界限，撇清关系；或是像大多数人一样，保持沉默，置身事外。而是诚意满满地写诗相赠，表达感恩之心、追随之意，这样的忠义和文人风骨，实在令人激赏。

他闷头写诗的时候，已做好即将被贬谪、被打击的心理准备，然而，事情并没有想象的那样糟糕。

其实，唐玄宗只是厌烦和忌讳张九龄的直面说教，张九龄纳谏太过于犀利直接，说话不中听也是一个重要原因。另外，也因受到李林甫之流的蛊惑，被某些坏心思、谗言浸染多了，难免会产生心理偏差，主观态度有所动摇，对张九龄的固执己见产生抵触和怀疑。但从他的内心来讲，对张九龄的人品和做派，始终是肯定和敬重的，所以才有后来那句令他念念不忘的"风度得如九龄否"。

作为贬官张九龄最忠实的拥趸，王维并没有被无故刁难、贬官降职。李林甫虽然对王维的举动颇有腹诽，但一方面忌惮王维在朝野的声名，另一方面怕动静太大，引起唐玄宗的不满，就别有心机另做安排。

监察御史周子谅因上疏弹劾牛仙客无宰相之才，惹恼唐玄宗被廷杖，打得浑身是伤，在流放的途中不幸去世后，李林甫遂让王维接任周子谅监察御史的官职，到御史台上班。在大唐，监察御史负责监察官员、巡视郡县、纠正刑狱、整肃朝仪等监察事务。从表面上看，似被升迁，比谏官身份的右拾遗的权力更大些，但事实上，王维是被一种颇为体面的方式从中书省清理出位。

开元二十五年（公元737年）春，河西节度使崔希逸在与吐蕃的征战中大获全胜，唐玄宗好大喜功，遂下诏书，命令王维以监察御史的身份，出使凉州边塞，慰问和嘉奖戍边将士。王维对朝中派系之间的互相倾轧，李林甫之流以权谋私的贪欲嘴脸早已深恶痛绝，只可惜势单力薄，无可奈何，离开京都，避开宵小之徒，他求之不得。

"昔乘匹马去，今驱万乘来。"忆昔当年，唐太宗李世民以英武之姿，八方征战，立下不世功勋，整个唐朝充斥着尚武、尚勇、驰骋疆场的豪侠气息。

巍巍盛唐，大概每个热血男儿都曾有驰骋疆场、马上建功的边塞大梦，王维也不例外，《少年行四首》是最有力的佐证。"新丰美酒斗十千，咸阳游侠多少年""偏坐金鞍调白羽，纷纷射杀五单于"，几多豪迈，澎湃着青春的热血。

即便不能投笔从戎、马上封侯，不到边塞走一遭，去亲身感受那一处烽火狼烟，始终是此生最大的遗憾。张丞相的回诗，也给予他极大的肯定、信任以及一往无前的勇气，所以欣然领命。

秉持着这么一份渴求和期待，领旨后的王维，带着两个随从，乘着一辆轻便的马车，从长安出发，奔赴西北方向的凉州边地。

凉州，地处河西走廊东部，是古代丝绸之路上的重镇。其地域辽阔，商贸繁荣，素有"西凉古都，河西都会"的美称。

关于凉州的繁华，《广德神异录》中记载着这样一则离奇的故事。传说正月十五上元节那天，唐玄宗带着朝中显贵以及宫女妃嫔在上阳宫观灯。尚方署有一位叫毛顺心的能工巧匠，在宫殿内建造了一座高达百尺的彩楼，楼内二十间房屋，挂满了龙、凤、虎、豹等形状各异的花式彩灯，并饰以珠玉金银，微风吹过，光影摇曳，铿锵悦耳，瑰丽无比。但唐玄宗却司空见惯，不觉新意。于是道士叶法善施法，让唐玄宗闭上眼睛，带他到凉州观灯。当唐玄宗睁开眼睛的时候，只见凉州的夜空"千条银烛，十里香尘，红楼迤逦以如昼，清夜荧煌而似春。郡实武威，事同仙境，彩摇金像之色，光夺玉蟾之影"，游人如织，车马喧嚣，场面十分壮观。唐咸通年间，进士王棨在《玄宗幸西凉府观灯赋》一文中，对凉州灯会的盛况做了精彩的描述。虽然这个传说故事未免荒诞，但凉州的繁荣富庶，可见一斑。

凉州的地理位置亦非常重要，"通一线于广漠，控五郡之咽喉"，是中原地区与西域各国往来的咽喉要道，也是切断大唐和吐蕃、突厥通行的最重要的关口。

这一辆马车如千里飞蓬，如北飞的归雁，跋山涉水，风餐露宿。某一日黄昏，终于抵达广袤的大漠。

放眼望去，只见烽火台上燃起的一道孤烟，像一把利剑直指苍穹；横贯沙漠的黄河，九曲连环，奔腾不息。而一轮圆圆的落日，如同被火烧透一般，赤红灼热地横亘于沙海之上，如此荒凉，又是如此温暖，让王维无比震撼。

情由境生，一挥而就，于是就有了这首名垂千古的《使至塞上》。

> 单车欲问边，属国过居延。
> 征蓬出汉塞，归雁入胡天。
> 大漠孤烟直，长河落日圆。
> 萧关逢候骑，都护在燕然。
>
> ——王维《使至塞上》

塞外征蓬，振翅飞雁，让我们感受到诗人凉州问边、漂泊天涯的悲壮情怀和孤寂之情；大漠孤烟，长河落日，又让我们欣赏到奇特壮美的边地风情。

茫茫大漠，横向展开；烽烟袅袅，纵向直立。漠"大"而烟"孤"，互为映衬，在视觉上表现为水平线和垂直线的相交，使笔直的孤烟更加醒目，广袤的大漠愈发无垠。"长河"与"落日"，在感官上则表现为水平线和圆形的相切，平静的塞外长河，更衬得落日之圆，此大美，有着极强的画面感。

"大漠孤烟直，长河落日圆"一联，一个"直"，一个"圆"，极平常的两个字，准确而形象地描绘出沙漠的气象，韵脚有力，节奏铿锵，令人拍案叫绝。

凉州河西节度使崔希逸，是个文武兼修的忠勇之士，同样出身望族的他，对王维的才气和为人十分推崇。他和王维一见如故，亲自陪同王维视察前线战场，到凉州各处巡察，慰问将士，了解军情，并写奏表上报朝廷，拜王维为河西节度幕府判官，两人成为莫逆之交。

边地生活忙碌而充实，王维很快融入硝烟弥漫、烽火连天的军旅生活中，他和边塞将士同心同德，同仇敌忾，以亲身体验和实地感受，用心记录发生在边陲的一场场惊心动魄的战事。

居延城外猎天骄，白草连天野火烧。
暮云空碛时驱马，秋日平原好射雕。
护羌校尉朝乘障，破虏将军夜渡辽。
玉靶角弓珠勒马，汉家将赐霍嫖姚。

——王维《出塞作》

开元二十六年（公元738年）三月，吐蕃军来犯河西，节度使崔希逸带领大军奋勇杀敌，取得胜利。《出塞作》一诗就是这次战役的真实写照。

这首《出塞作》，诗语豪健，气象雄浑，非常逼真地刻画出在军情急迫、敌军强悍的危急情况下，破房将军从容调度，神速进军，带领将士们浴血奋战，击退敌寇获得嘉奖的胜利场景。士气饱满，现场感极强，边地将帅不同寻常的英雄气概跃然纸上。清代文学家及思想家方东树在《唐宋诗举要》中云："前四句目验天骄之盛，后四句侈陈中国之武，写得兴高采烈，如火如锦，乃称题。收赐有功得体。浑颢流转，一气喷薄，而自然有首尾起结章法，其气若江海之浮天。"关于章法和气势，评价可谓中肯。

> 十里一走马，五里一扬鞭。
> 都护军书至，匈奴围酒泉。
> 关山正飞雪，烽火断无烟。
>
> ——王维《陇西行》

还有这首一气呵成的《陇西行》，只是撷取一名军使在漫天飞雪中策马扬鞭投递军书的缩影，通过"一走马""一扬鞭""十里""五里"等短促有力的词句描述，侧面反映出战斗的紧张激烈。诗人巧用"留白"的手法，给读者留出想象的余地。虽然匈奴敌军突至，军情十万火急，但从诗人镇定自信的结尾走势来看，这场战事一定出奇制胜，红旗招展。

因为身临战场，目睹过将士们骁勇善战、舍生忘死的英雄壮举，从体验中来，从阅历中出，王维的边塞诗充满了奋发向上的积极情绪，其昂扬的精神风貌和壮阔的襟怀抱负，在诗里表现得淋漓尽致。

凉州问边，为王维的人生掀开新的篇章。经过边塞烽烟的陶冶和历练，王维的诗歌在"清新淡远、自然脱俗"之外，兼而又有苍凉悲壮、豪迈开阔之气象，跻身于伟大诗人的行列。

虽然边地生活紧张忙碌,环境艰苦,但身为河西节度幕府判官的王维却乐在其中。因为这里有诗有友,有金戈铁马,有百万雄兵,还有大漠苍穹。紧张有序、生龙活虎的军旅生活,让远离朝堂是非的王维诗情盎然,精神焕发。

奈何好景不长,老谋深算的李林甫又来闹事。因为凉州重镇的富庶繁华,因为河西节度使是一个非常重要的岗位,贪婪的李林甫将手臂再次伸长,一直伸到边防线。他打着皇帝的旗号,提出由自己兼任河西节度使,将崔希逸改任河南尹,令崔希逸接到诏令后,即刻启程到河南府就职。

皇恩浩荡,不能不从。崔希逸向朋友告辞,王维做《双黄鹄歌送别》,为好友置酒饯行。

天路来兮双黄鹄,云上飞兮水上宿,抚翼和鸣整羽族。
不得已,忽分飞,家在玉京朝紫微,主人临水送将归。
悲笳嘹唳垂舞衣,宾欲散兮复相依。
几往返兮极浦,尚徘徊兮落晖。
岸上火兮相迎,将夜入兮边城。
鞍马归兮佳人散,怅离忧兮独含情。

——王维《双黄鹄歌送别》

这是一首赋体诗,诗人饱含深情地以双黄鹄来比拟两人之间的深情厚谊,抒发了两人因不得已而离分,临水送别,恋恋不舍的场景。

沧海自浅情自深,人生乐在相知心。知己话别,千言万语,字里行间蕴含着深深的怅惘和不舍。

依依惜别之际,崔希逸含泪向王维道出开元二十五年(公元 737 年)大败吐蕃的实情。

崔希逸任河西节度使一职后，他体恤百姓，心有大义，既要守卫这一方平安，又不希望战火频仍，殃及边民耕种游牧的安定生活。于是他做出大胆尝试，建议和吐蕃订立盟约，两国边地驻军和平相处，互不滋扰。他将此建议上报朝廷征得同意后，派使者和吐蕃的大臣乞力徐签署合约，双方撤离战事装备。

为边防百姓的生计所虑，为边陲的和平从长计议，崔希逸的做法无可厚非。这个盟约也是上报朝廷，经过唐玄宗亲自批示同意的。吐蕃一直是大唐边境的重要边患之一，边地百姓屡受战火侵扰，民不聊生。立约之后，数年内，河西边境保持着相对的和平状态，两地的百姓们恢复了自由贸易，安居乐业。

但是，驻守的边将中，并不是所有人都像崔希逸这样勇武、仁厚，为边地百姓考虑。人性的丑恶和贪婪，防不胜防。崔希逸的部下孙诲，野心勃勃，一心想出人头地，请功受赏。在他入朝觐见、汇报边防工作之时，妄自向唐玄宗提出建议，趁吐蕃不备，发起进攻以绝后患。唐玄宗生性好战，且老来昏聩，在孙诲一番巧言令色的煽动下，脑子一热，表示赞同。他派太监赵惠琮和孙诲一起返回凉州，伺机而动。

不料，二人到达凉州后，没有请示崔希逸，没有权衡利弊，没有从长计议，而是越俎代庖，传诏令河西大军向吐蕃进攻。

军令如山，节度使崔希逸不得不领命执行。唐朝大军在青海发起猛攻，在吐蕃军队毫无防备的情况下，攻城略地，如入无人之境。吐蕃军队节节败退，死伤不计其数。乞力徐在手下的掩护下，狼狈地逃归本土。盟约被毁，自此，河西边境狼烟四起。

古语云："人无信不立。"失信于人，等于失了人品，何以立天下？因自感背弃盟约，失信于信任自己的吐蕃大臣乞力徐，致使生灵涂炭，崔希逸终生抱愧，到河南上任不久，便忧郁而终。

一代名将崔希逸,就这样湮灭于历史长河。

可悲可叹!

第四节 南选之行

凉州问边,虽然有遗憾,有痛惜,但对将近不惑之年的王维来说,这段军旅生活,是他生命中浓墨重彩的一笔。

不一样的昂扬振奋,不一样的踔厉奋发,不一样的热血沸腾,让他实现了儒雅之外另一种性情的张扬。

"纷纷射杀五单于""纵死犹闻侠骨香",翩翩少年渴望驰骋疆场、舍生取义的游侠情结,热血男儿希冀出则为将、入则为相的报国情怀,在这一刻如风中的旗帜猎猎招展。那些快意恩仇刀剑出鞘,凛然有光。这段经历,使诗人的人生底色越发厚重,大不相同。

> 单车曾出塞,报国敢邀勋。
> 见逐张征虏,今思霍冠军。
> 沙平连白雪,蓬卷入黄云。
> 慷慨倚长剑,高歌一送君。
>
> ——王维《送张判官赴河西》

多年以后,在《送张判官赴河西》一诗中,王维为即将奔赴河西边防的张判官壮行。他慷慨高歌,勉励张判官像前辈一样卫国戍边、建功立业。回忆起当年单车出塞、飞蓬入云的出塞经历，眼里满溢着幸福和自豪感。

开元二十六年（公元738年）秋天，王维自河西返回长安。因出色完成宣慰工作，处理事务章法有度，上奏战报、谢表等公文迅捷及时，文采斐然，王维受到唐玄宗的肯定和嘉奖，仍留在御史台任监察御史一职。

面对李林甫的固宠专权，王维依然没有学会趋炎附势，仰人鼻息，一如既往地保持着清贵疏离的态度。

两年后，李林甫故技重演，派遣四十岁的王维知南选，调离京师，以殿中侍御史兼选补使的身份，奔赴岭南、黔中等地补选官员。

唐朝历代皇帝极其注重对读书人的选拔和任用，南选是唐朝的一种铨选制度。

唐朝初期科举考试的地点在都城长安。唐朝地域辽阔，那时候交通又不发达，读书人参加考试，除了长途跋涉耗时耗力，衣食住行等各方面成本也非常高。为了解决这些问题，唐朝自建朝初期，就着手考虑在边远地区设立特殊的考试。

岭南、桂州、黔中等南方地区，因气候、地理、地貌以及风俗习惯等与中原地区不同，被派到这些地方任职的北方官员，有的因为水土不服、饮食习惯不同而无法生活，有的因为风俗民情不同而难以服众。因而，唐朝采取了不同于中原地区的铨选制度。朝廷每隔四年派遣正五品以上清正廉洁的官员，担任选补使，代表吏部执掌"铨选"，到当地广招贤士，考察和搜寻人才。御史台也会派一名监察御史，跟随前往，负责监视督察。最后由选补使和所在的都督府，一起向朝廷上报被选拔人，以及根据其品行能力所推荐的职务，由朝廷下诏任命职位。

《新唐书·选举志》记载："太宗时，以岁旱谷贵，东人选者，集于洛州，谓之东选。高宗上元二年，以岭南五管、黔中都督府得即任土人,而官或非其才,乃遣郎官、御史为选补使,谓之南选。"

唐太宗执政第一年,适逢天下大旱,谷米价格飞涨,为了防止各地考生涌入京城,给粮价带来更加不利的影响,就在东都洛阳增设考场,命令潼关以东的读书人到洛阳参加科举考试,称为"东选"。

唐高宗李治继位后,他认为南方选拔土人为官,制度上存在很多失误与不合理之处。上元二年(公元675年),唐高宗派遣郎官、御史为选补使,到桂、广、交、黔等地选取优秀人才,称为"南选"。

王维此次出行,正是以殿中侍御史兼选补使的身份执行督察一职,这是一项非常严谨且极其慎重的人才选拔任务,任重而道远,王维欣然前往。

王维从长安出发,过蓝田、商洛、武关、内乡,抵达南阳。在南阳的临端驿,王维特意去拜见了母亲常常说起的神会大师。

神会大师是禅宗六祖慧能的晚期弟子,自幼学习五经,对老子、庄子也颇有研究,造诣很深。带着敬仰之情,王维向神会大师请教佛法。

母亲常言要身心放空,方能凌驾于世事。可是身处浮世之中,命运乖舛,仕途坎坷,人生不如意事十之八九,难得有个清宁时刻,王维把心中的纠结真诚袒露,他问:"何为修道,何为解脱?"

神会大师答曰:"天命之谓性,率性之谓道,修道之谓教。口说菩提,心无住处;口说涅槃,心唯寂灭;口说解脱,心无系缚。众生本自心静,若更欲起心有修,不可得解脱。"

神会大师指出,性情乃人的自然禀赋,遵循本性做事称为道,按照道的原则修养自身乃为教。清净乃人之本性,只要任运自在，随心所行，就可以摆脱人世的烦恼纠缠，达到禅悟的目的。所谓心本是佛，佛本是心，若是有意识地去强求，为修道而修道，则不能称之为解脱。

听了神会大师的教诲，王维茅塞顿开，豁然开朗。

王维与神会大师交谈数日，受益匪浅。王维对佛理的悟性和渊博的学识也深深打动了神会大师，他恭请王维为入寂的慧能禅师撰写碑文，以纪念先师的业绩恩德。王维欣然从命，一挥而就，留下《六祖能禅师碑铭》一文，流传千古。

无有可舍，是达有源；无空可住，是知空本。离寂非动，乘化用常，在百法而无得，周万物而不殆。鼓枻海师，不知菩提之行；散花天女，能变声闻之身。则知法本不生，因心起见，见无可取，法则常如。世之至人，有证于此，得无漏不尽漏，度有为非无为者，其惟我曹溪禅师乎！

…………

五蕴本空，六尘非有，众生倒计，不知正受。莲花承足，杨枝生肘，苟离身心，孰为休咎？

至人达观，与佛齐功。无心舍有，何处依空？不着三界，徒劳八风。以兹利智，遂与宗通。

愍彼偏方，不闻正法，俯同恶类，将兴善业。教忍断嗔，修慈舍猎。世界一花，祖宗六叶。

大开宝藏，明示衣珠。本源常在，妄辙遂殊。过动不动，离俱不俱，吾道如是，道岂在吾！

道遍四生，常依六趣。有漏圣智，无义章句。六十二种，一百八喻。悉无所得，应如是往。

——王维《六祖能禅师碑铭》（节选）

六祖慧能禅师是禅宗史上承前启后的代表人物，这篇碑文运用大量的典故和佛教故事，生动地阐述了慧能禅师少具慧根，闻道开悟，度化众生，坚定内心，不为名利所动的生平事迹。同时，在碑文中，王维对五祖弘忍和七祖神会的佛法、事迹也作了详细论述。其文笔庄重典雅，清秀精妙，深契佛理，充溢着对六祖慧能禅师无限的敬仰之情。

继王维之后，柳宗元、刘禹锡等先后为六祖慧能禅师撰写了墓志铭。其中尤以王维这篇《六祖能禅师碑铭》最为后人推崇，"诗佛"王维实至名归。

按照规定，十月三十日前王维必须赶到选所。时间急迫，不便久留，于是，王维依依不舍地和神会大师作别，乘船由汉江顺流而下，向襄阳出发。

正如神会大师所示，尘世喧嚣，岁月匆忙，所得，所不得，皆不如心安。秋天来了，就不要再纠缠夏天的过往了。心安即心清，放下即解脱，心无挂碍，人生随之开阔起来。

所以，泛舟江上的诗人，胸襟浩荡，笔下的诗情也显得格外壮阔飞动。眼前的山川景物像巨幅山水画一般，涌入诗人的心胸，一首《汉江临泛》喷薄而出。

楚塞三湘接，荆门九派通。
江流天地外，山色有无中。
郡邑浮前浦，波澜动远空。
襄阳好风日，留醉与山翁。

——王维《汉江临泛》

写诗不仅是抒怀，更是与自己心灵的和解、与尘世温柔相处的过程。驻留在文字的空隙中，和灵魂会合，看江山如画，仿佛自己在画中游,笔下自然如诗如画,风景旖旎。

诗人临泛江上,极目远望,只见汉江横卧楚塞,和奔腾而来的"三湘"之水相接,流入荆门后,再与长江的九条支流汇合,浩浩荡荡流向天外,水色苍茫,一眼望不到尽头。两岸墨绿的青山,在迷蒙的烟雨中,在诗人的视线里,忽隐忽现,若有若无。诗人乘坐的客船在水波中摇摇晃晃,起起伏伏。远处的天空,近处襄阳城的城池,仿佛也荡漾在水波中一般,空灵而幽渺,恍如梦境,别有一番神奇。诗人情不自禁地发出赞叹:"襄阳山水如此多娇,多想留下来和山翁一醉方休。"

山翁,指山简,"竹林七贤"中山涛的小儿子。据《晋书·山简传》记载,山简性情温润,曾出任征南将军,后镇守襄阳,喜欢喝酒,每饮必醉。这里借指襄阳地方官。

"江流天地外,山色有无中"一句,着墨极淡,却气韵生动,其神来之笔,颇受后人青睐。明代文学家王世贞赞曰:"江流天地外,山色有无中,是诗家俊语,却入画三昧。"

欧阳修格外喜爱此诗,闲暇之余,常反复吟咏,细细体会。

> 平山栏槛倚晴空,山色有无中。
> 手种堂前垂柳,别来几度春风。
> 文章太守,挥毫万字,一饮千钟。
> 行乐直须年少,樽前看取衰翁。
> ——欧阳修《朝中措·送刘仲原甫出守维扬》

那个晴朗的春日,在扬州平山堂前,欧阳文忠公凭栏远眺,只见在晴空碧水之间,远处青山隐隐,若有若无,一片迷蒙,好一幅着壁成绘的水墨丹青,让他情不自禁地想起"山色有无中"这一句,爽快地拿来一用。

船过荆门时，王维决定绕道去拜访恩师张九龄，张九龄被贬后在此就任荆州大都督府长史。能和恩师见一面，叙叙别后的思念，是王维此行最大的心愿。

岂料，得到的却是恩师已经去世这样一个噩耗。

这年春天，张九龄回乡拜祭父母，途中突发疾病，于五月初七在老家韶州曲江去世，享年六十八岁。闻听此消息的王维犹如五雷轰顶。自此，岭南再无张曲江，"九龄风度"只剩下美好的传说。

"海上生明月，天涯共此时。情人怨遥夜，竟夕起相思。灭烛怜光满，披衣觉露滋。不堪盈手赠，还寝梦佳期。"王维一遍遍地吟咏着恩师留下的诗篇，潸然泪下。斯人已去，何人与他同看海上生明月，何人与他天涯共此时？

离开襄阳后，王维继续向南出发。十月上旬，如期抵达桂州（今广西桂林）。王维恪尽职守，与桂州都督一起筹备、策划、跟进铨选工作。三个月后，一行人圆满完成选拔和推荐任务。

次年二月，冰消雪融，燕雀北归，王维由桂州返回京师。

而此时，长安的上空，雾霭重重，已不复盛世之清明。

第五节　南山隐居

开元后期，正值壮年的唐玄宗李隆基"很忙"。

他不再励精图治，而是躺在往日的功劳簿上，忙着享受他打下的帝国江山、盛世太平。

他不再崇尚节俭，而是忙着建造宫殿，赏赐贵宠，骄奢淫逸，无有限极。

他不再积极进取，而是疏懒国事，忙着和他宠爱的杨贵妃宴饮游乐，纸醉金迷，夜夜笙歌。

他不再勤于政务，而是"殚耳目之玩，穷声技之巧"，沉醉于他钟爱的文艺事业，忙着指教于教坊、梨园，酒色歌舞。

他不再虚怀纳谏，而是偏听偏信，将江山社稷"放心"地交给李林甫打理，不管不顾。

所以，李林甫也很忙。他一人独大，权势如日中天，忙着独断专行，欺上瞒下；忙着拉帮结派，排除异己；忙着蔽塞言路，排挤贤臣，一手编导出"野无遗贤"的闹剧。

朝中凡是和他政见不合，凡是敢于和他对抗的官员，不是被他贬出京城，就是找个由头迫害，让其家破人亡。朝堂之上，人人自危，莫不敢言。

南选归来的王维，对朝堂上的状况忧心如焚，夜不成寐，辗转反侧。可恩师张九龄去世后，朝中再无人敢和李林甫公然抗衡，作为一个小小的殿中侍御史，蚍蜉焉能撼动大树？他陷入深深的矛盾和纠结之中。

李林甫不学无术，为相十九载，靠的是阴谋权术、溜须拍马，而不是实实在在的学问。他自小不喜欢读书，却常常自以为是，喜欢附庸风雅，以至于闹出乌龙，成为千古笑谈。成语"弄獐宰相"说的就是李林甫。

《旧唐书·李林甫传》记载，李林甫舅舅的儿子名叫姜度，时任太常少卿。有一年，姜度的妻子生了一个男孩，孩子满月时，文武百官前去为孩子庆贺，李林甫写信向表弟姜度表示祝贺，信中说："闻有弄獐之庆。"本意是恭贺生下男孩子，但胸无点墨的他，错将"弄璋之喜"的"弄璋"写成"弄獐"。

璋是一种玉器。《诗经·小雅·斯干》有这样的句子："乃生男子，载寝之床，载衣之裳，载弄之璋。"在古代，如果生了男孩，就把璋给他玩，希望孩子长大后拥有玉一样的品行修为。而"獐"则是一种外形像鹿的兽类。所以，众宾客看到后，纷纷捂嘴窃笑。

后来，人们就用"弄獐宰相"这个成语讥讽那些没有真才实学的达官贵人，用"弄獐书""弄獐"来嘲笑写错别字、没有文化的人。

一个温文儒雅、博学多识；一个阴险狡诈、肤浅末学。他们自然不是一路人。王维秉持着自己的底线和操守，不同流合污，也不助纣为虐。

好在大唐政治气候比较宽松，士人可以进退自如，于是，他做出了自己的选择。开元二十九年（公元741年）的秋天，王维在终南山北麓，找了一处房子住下，开启了有事上朝、无事闲居，亦官亦隐的仕宦生活。

终南山西起昆仑，东衔嵩岳，仿佛一座天然的锦绣画屏，矗立在京师长安的西南方向。北麓这个地方，有着广袤的原野，山上山下有绿草花树，有清澈的溪流，空中有呢喃的燕雀，有如烟的流云，青山绿水，气候宜人。终南山一带寺庙、道观很多，香火旺盛。长安城的很多士大夫和世外高人，都在此隐居，就连唐玄宗的妹妹玉真公主，也常年在山上的别馆里居住，参禅修行。

"人生而静，天之性也。"就像神会大师所言，行不通处，只因心有挂碍，放不下而已。面对着这一方缄默的山水，他摒除所有的执念，接受必须接受的，改变可以改变的，放下应该放下的，让内心回归安宁平和。

所谓静水流深，宁静之人，内心自有一湾澄澈。"知止而后有定，定而后能静，静而后能安，安而后能虑，虑而后能得。"

胸中有丘壑，笔底见烟霞。这首《终南山》足见端倪。

> 太乙近天都，连山接海隅。
> 白云回望合，青霭入看无。
> 分野中峰变，阴晴众壑殊。
> 欲投人处宿，隔水问樵夫。
>
> ——王维《终南山》

"太乙"，又称"太一"，既是终南山主峰，也是终南山的别称。诗人登高望远，太乙峰高耸入云，仿佛直抵天庭。其山势连绵延伸，似乎和海岸线相接，一眼望不到边。

首联"太乙近天都，连山接海隅"，以夸张的手法，表现出终南山的高不可达、遥不可及，"笔有鸿蒙之气，奇观大观也"，山之"骨"尽显笔端。

诗人被眼前之景所吸引，他向前走，眼前白云如烟弥漫，在他身边盘旋缭绕。他驻足回首，只见青霭迷蒙，若有若无，来时所见的千岩万壑、怪石清泉、花鸟草木，都笼罩在朦朦胧胧的雾霭之中，可望而不可即。"入看无"三字臻微入妙，令人回味无穷。

颈联"分野中峰变，阴晴众壑殊"，写诗人驻足中峰，纵览终南山南北之阔和阴阳四时变化。诗人以寸管画千姿万态之终南山于尺幅之间，摄出山之"魂"。

尾联"欲投人处宿，隔水问樵夫"，"我"和"樵夫"涉足于终南山恍如隔世的仙境之中，犹如神来之笔，使得地旷人稀的自然清冷中，一不小心曳进一丝温暖的人间烟火气，呈现出这首诗的"意外之意"。

《终南山》一诗，后人留下"意余于象""以少总多"等高评,王维将画技和诗艺巧妙地糅合在诗里,壮阔之中兼及细腻,笔法雄俊,浑然天成,为偌大的一座终南山描绘出一幅极为传神的画面。

山水田园始终是人类永远的精神家园。终南山的白云、溪水、树木、日升月落,乃至于偶尔邂逅的农夫,都让王维感到亲切,灵感生发。

中岁颇好道,晚家南山陲。
兴来每独往,胜事空自知。
行到水穷处,坐看云起时。
偶然值林叟,谈笑无还期。

——王维《终南别业》

某一日,诗人兴之所至,走出他的住所,独自在山中走走看看。他沿着蜿蜒的山道往前走,不知不觉,就走到了水的尽头。

既然前面无路可走,索性就坐下来,看看水,望望天空。诗人想,水会变成云,云会变成雨,雨落山涧,又汇成一条条溪流,这是多么自然的事情。所以,何必纠结它的源头在哪里,它又流向何方?"云无心以出岫,鸟倦飞而知还。"遇上有缘的人,就坐下来和他聊几句家常,因为不必着急赶路,聊着聊着,忘记了时间,忘记了回家也没关系。

快乐也是如此,如流水一般,谁说不是呢?

坚守住自己的本心,"应尽便须尽,无复独多虑"。如云一般无心,诸事看开,得失随缘,哪还用再纠结什么山穷水尽、穷途末路。

不必人知,自己心会其趣,于不动声色中,所向惬然,意境全出,这也是这首诗的工巧之处。

"行到水穷处,坐看云起时"一联,由绚烂至极归于平淡,有无穷景味,成为千百年来永不过时的经典。在每一个看不到前途、濒临绝望的时刻,一想到它,就让我们的内心充满平静的力量。

在终南别业,王维除了和朋友一起饮酒赋诗、寄情山水,一个人的时候,他时常在室内焚香独坐,以禅诵为事。自从在南阳和神会大师会晤后,他就开始潜心学习佛法,希冀从佛理中觅求内心的宁静。

修禅,也即修心。这种宁静,静在名利之外,静在喧嚣之外,静在风骨之中,静在内敛的心怀。香积寺是佛教宗派净土宗的祖庭,声名远播,王维早有耳闻。某一日午后,王维决定到香积寺里去拜访一番。

> 不知香积寺,数里入云峰。
> 古木无人径,深山何处钟。
> 泉声咽危石,日色冷青松。
> 薄暮空潭曲,安禅制毒龙。
>
> ——王维《过香积寺》

山间的石径上,格外清幽,诗人独自信步走着,一边欣赏两边的山景,一边寻访寺院的方向。

深山密林,古木参天,他越过一座又一座山,还是没有看到香积寺在哪里。隐约听到丛林中隐隐传来古寺的钟声,诗人想,香积寺应该不远了。

诗人的脚下,山涧的溪水曲折流淌,受到嶙峋的山石阻隔,水声清泠,似幽咽之声。一抹残阳,斜斜映照在山径两旁的松林翠柏之上,别有一番苍郁清凉之感。

直到日暮时分，王维才抵达香积寺。在幽静的佛堂内，他摒弃芜杂，闭目静坐。宁静的心境，如同香积寺前的碧潭一般澄澈。

"毒龙"一说出自佛经故事，在西方的一个水潭中，曾有一条毒龙藏身于此，常常跳出来害人性命。一位高僧以无边的佛法降伏了毒龙，使其离开水潭，再不伤人。在这里指佛法可以降伏毒龙，亦可以缓解世人心中的欲念。

历经山水濯洗，王维的诗越写越短。他试图在诗中淡化他的情感，笔法更加灵动，朗朗上口，平白如话却托意高远，禅意悠悠而蕴理隽永，诗韵和意境锤炼得炉火纯青。

心理学上有个说法叫"同质效应"，即和精神上相似度高的人在一起，更有安全感。缘于性情相近，三观相合，有着共同的兴趣和爱好，才有等同的观念、看法和共同的话题，两两相处得更加融洽，让人放松。

王维和张谭是一对无话不谈的好朋友，两人同为"诗酒丹青之友"，称兄道弟，亲密无间，常常结伴游历名山大川，吟诗酬唱，关系非同一般。隐居终南山的王维，某一日，信笔写就一组平淡自然的诗歌，和张谭互为酬答。

张谭家中排行第五，王维亲切地称呼他为"张五弟"。张谭工诗兼能丹青草隶，曾隐居在嵩山的西峰少室山下，闭门读书、潜心学画十余年，不及声利。

> 吾弟东山时，心尚一何远。
> 日高犹自卧，钟动始能饭。
> 领上发未梳，妆头书不卷。
> 清川兴悠悠，空林对偃蹇。
> 青苔石上净，细草松下软。
> 窗外鸟声闲，阶前虎心善。

徒然万象多,澹尔太虚缅。
一知与物平,自顾为人浅。
对君忽自得,浮念不烦遣。

——王维《戏赠张五弟諲三首·其一》

张弟五车书,读书仍隐居。
染翰过草圣,赋诗轻子虚。
闭门二室下,隐居十年余。
宛是野人野,时从渔夫渔。
秋风自萧索,五柳高且疏。
望此去人世,渡水向吾庐。
岁晏同携手,只应君与予。

——王维《戏赠张五弟諲三首·其二》

设置守麑兔,垂钓伺游鳞。
此是安口腹,非关慕隐沦。
吾生好清净,蔬食去情尘。
今子方豪荡,思为鼎食人。
我家南山下,动息自遗身。
入鸟不相乱,见兽皆相亲。
云霞成伴侣,虚白侍衣巾。
何事须夫子,邀予谷口真。

——王维《戏赠张五弟諲三首·其三》

　　诗题为"戏赠",足见两人相处无隔阂,有着可以互相玩笑的深厚交情。因"戏"而为,捉笔愈发洒脱,轻松愉快。

　　《戏赠张五弟諲三首·其一》体现的是张諲寄情山水,与自然融为一体的高深境界。"日高犹自卧,钟动始能饭。领上发未梳,妆头书不卷。清川兴悠悠,空林对偃蹇"等句子,突出表现了张谝特立独行、不拘小节、自适其适、托病不出、甘于淡泊的个性。

不拘形迹的张谝,内心却敏感细腻,有一颗追求精神自由、物我齐一的纯净诗心。

"青苔石上净,细草松下软。窗外鸟声闲,阶前虎心善。"对于这般安闲自在、洒脱超逸的仕隐生活,王维给予由衷的赞赏与肯定。

《戏赠张五弟谝三首·其二》赞赏张谝超凡脱俗的才气以及隐居生活的安逸。张谝学富五车,才华横溢,诗画双绝,是盛唐著名的诗人兼书画家。如此名流高士,却放弃人前显贵,纵情山水,与世无争,这样的生活态度令王维无比歆羡和向往,所以就有"岁晏同携手,只应君与予"的热切呼应,亦是委婉表达自己的退隐心愿。

诚然,和爱好一致、性情相近、心灵相通的朋友,一起到郊外捕猎,到清溪垂钓,布衣蔬食,轻车简从,尽享烟火人生、林泉野趣,才是最大的快乐。这也是《戏赠张五弟谝三首·其三》所要表现的主题。后人赞:"有陶家遗韵。"

王维还有一首诗:

终南有茅屋,前对终南山。
终年无客长闭关,终日无心长自闲。
不妨饮酒复垂钓,君但能来相往还。

——王维《答张五弟》

可见,王维希望好友过来相伴的心愿特别迫切。

可惜的是，王维与张谔互为酬唱的诗歌很多，但张谔的赠答诗均已散佚，不可复见，我们只能在王维留下的诗作中窥见一斑。

卷六 柴毁骨立孝子心

第一节 擢左补阙

唐玄宗在位期间，一共启用了三个年号。登基后初始的年号是"先天"，两年后，在他和大臣们的共同努力下，国家步入正轨，开始新的纪元，改为"开元"。浩浩荡荡二十九年过去，天下大治，海晏河清，万象升平。唐玄宗想当然地认为，自己这一生功业已就，可以纵情享受、颐养天年了。于是，就有了改元的想法。

另外，在他的同辈兄弟中，薛王李业和宁王李宪相继去世，唐睿宗李旦六个儿子中，只剩下李隆基一人，为了避避晦气，这也是改元的其中一个原因。

当然，促成改元的直接原因，是地方官史给唐玄宗上报了一个祥瑞。

李唐王朝自诩太上老君李耳后人，极为推崇道教。陈王府参军田同秀投其所好，上疏奏报，称他早上上朝的时候，看见一位腾云驾雾的老者，降落在京城丹凤门的上空。走近一瞧，老者须发如雪，一副仙风道骨的模样，原来是太上老君驾临。太上老君告诉田参军，他赐予当今皇上一道灵符，藏在终南山楼观台——祖师爷尹喜的故宅下面。唐玄宗听闻这个消息，哪敢怠慢，即刻派兵将到旧函谷关搜寻。果然，很快就找到了这道"灵符"。唐玄宗大喜过望，遂下令将这处山坡封为显灵山，并命令官员在山上建造玄元庙，派专人驻守，每日香火供奉。田参军也因之加官进禄，好不欢喜。

太上老君显圣，天下太平。这是皇帝的福报，也是天下的福报，满朝文武争相逢迎，遂以"函谷宝符，潜应年号；先天不违，请于尊号加'天宝'字"为由，联合上表。

如此这般，顺势而为，公元742年，唐玄宗正式改元"天宝"。

正月初一这天，唐玄宗登上勤政楼，文武百官整整齐齐叩拜于阶前，恭贺帝王开启新纪元。在"吾皇万岁，万万岁"的欢呼声中，唐玄宗为众爱卿加官封赏，并颁布大赦天下的诏令。皇恩浩荡，"谢主隆恩"的欢呼声震耳欲聋，响彻云霄。

王维自然也在封赏之列，由从七品下的殿中侍御史，擢升为从七品上的左补阙。

左补阙隶属门下省，主要职责是"供奉讽谏，扈从乘舆"，即明察皇帝的遗漏、过失，及时进行规劝和修正。官位虽然不高，却很清贵，跟在皇帝身边，便行监督之职。但自从李林甫肆无忌惮地把持朝政以后，左补阙和右拾遗这类谏官，就只剩下"扈从乘舆"的职能了。

王维作为陪伴皇帝左右的近侍之臣，需要参与早朝，这首《春日直门下省早朝》描绘的就是早朝的场景。

> 骑省直明光,鸡鸣谒建章。
> 遥闻侍中佩,暗识令君香。
> 玉漏随铜史,天书拜夕郎。
> 旌旗映阊阖,歌吹满昭阳。
> 官舍梅初紫,宫门柳欲黄。
> 愿将迟日意,同与圣恩长。
> ——王维《春日直门下省早朝》

诗中写了诗人为参加早朝黎明即起的辛苦、紧张与恭敬,体现出皇权的威严,皇宫的威仪,以及作为朝臣的恭谨。唐《仪制令》曰:"凡京司文武职事,九品已上,每朔、望朝参。五品已上及供奉官、员外郎、监察御史、太常博士,每日参。"因而,对于王维而言,参与早朝既是一种责任,更是一种荣耀。

既然得此恩荫,理应尽力而为。太原王家祖祖辈辈"奉儒守官",从小熟读儒家经典的王维,虽向往山水林泉,但"恐招负时累"的思想依然占据主导位置,积极努力地寻求实现自身社会价值的机会。这也是他再次出山向阙的原因。

除了早朝,左补阙还要跟随皇帝参加很多朝政活动。是时,已过不惑之年的王维,学识渊博,诗名远扬,有"天下文宗"之美名,是当时文坛的重要诗人及核心人物,提笔成诗的他,应诏作诗是常有的事。

在古代,皇帝的命令谓之"制"或"诏",顾名思义,所谓的"应制诗",即应皇帝之命而作的诗文。任职左补阙期间,王维应诏做了很多首应制诗,内容多为歌功颂德,赞美风俗民情,歌颂升平盛世,娱乐帝王妃子,诗句中蕴含着对现世的美好期望和憧憬。

这些应制诗,既要体现出皇帝的威严和尊贵,还要切合应制的主题,需要渊博的学识、纵横的才情、极高的艺术水准做支撑。王维的应制诗,虽不及山水诗淡而有味,明白如话,但亦有很多可取之处,反映了当时风行的帝都文化以及盛唐的时代风貌。

阳春三月的长安,日暖风和,草木清幽。唐玄宗李隆基在曲江大摆酒宴,和王公贵族、文武百官欢聚一堂,庆贺祥瑞盛世。

席间,侍宴而行的王维奉命作诗,以精湛之笔力现场描摹大唐君臣的游宴狂欢之乐,曲江胜景如在眼前。

> 万乘亲斋祭,千官喜豫游。
> 奉迎从上苑,祓禊向中流。
> 草树连容卫,山河对冕旒。
> 画旗摇浦溆,春服满汀洲。
> 仙籞龙媒下,神皋凤跸留。
> 从今亿万岁,天宝纪春秋。
>
> ——王维《三月三日曲江侍宴应制》

这首《三月三日曲江侍宴应制》,记述了楼阁林立、画旗招展、人流如潮、普天同庆的曲江游宴场景,烘托出千官喜豫游、山河对冕旒的浩荡神韵,其雍容华贵的泱泱气度,雄浑秀雅的审美风范,以时代和家国为依托,生发出纵横捭阖的豪迈之情,彰显出昂扬向上的唐人心态,辉煌、壮阔的大唐气象。

天宝元年(公元742年),王维在左补阙任上,每天陪着皇帝、高官侍宴应制,大笔一挥满纸锦绣诗章,令人瞩目。王公大臣争相与他交游宴饮,在京师的文化圈内算得上风生水起的人物。

而这年春天,由于贺知章的引荐,李白被唐玄宗召入宫中。朝堂之上,唐玄宗提问他一些当世事务,李白凭借半生饱学,以及几十年间的丰富阅历与见识,对答如流,侃侃而谈,唐玄宗大为欣赏，以御用文人的身份令李白供奉翰林，为帝王及妃子侍宴陪酒，写诗助兴。

可令人不解的是，李白和王维，当时的两个诗坛巨匠，缘何没有一丝一毫的交集，包括文献史料，甚至唐人的野史笔记中，都没有找到任何有关二人同游或者交往的蛛丝马迹，不能不令人好奇。

文人墨客，能聚到一起、喝到一起、玩到一起的，大都性情相投。或许，是两人性格不同所致。这个千古之谜，还是留待后人做考证吧。

纵然身处喧嚣，王维的心中始终向往和渴望皈依一处宁静之所。他的目光投向蓝田县，这个以盛产美玉著称的地方，没有让他失望。

提起蓝田，就让我们想起晚唐诗人李商隐的诗句"沧海月明珠有泪，蓝田日暖玉生烟"。蓝田位于秦岭北麓，在长安城东南方向约四十里处。周礼有"玉之美者为蓝"，这也是蓝田名字的由来。蓝田县川美岭阔，自然风景秀丽壮观。蓝田县东南三十里处，便是辋川。辋川是秦岭北麓一条风光秀美的川道。

"辋"，即车轮外周同辐条相连的圆框。古时候，川水自尧关口流出后，蜿蜒流入川内的欹湖。两岸的山间，同时有几条清溪流向欹湖，站在山上向下望去，涟漪层层叠叠，状如车辋，因此称为"辋川"。"终南之秀钟蓝田，茁其英者为辋川"，"辋川烟雨"居"蓝田八景"之冠。

辋川距离长安城不远，风景宜人，交通便利，是达官贵人、文人墨客心目中的桃花源，心驰神往的风景胜地。

武周时代的名臣宋之问，对山水绝胜、别有洞天的辋川格外青睐，特地在这里建造了一座依山傍水、情趣高雅的山庄，闲暇时候幽居于此。

> 宜游非吏隐，心事好幽偏。
> 考室先依地，为农且用天。
> 辋川朝伐木，蓝水暮浇田。
> 独与秦山老，相欢春酒前。
>
> ——宋之问《蓝田山庄》

这首《蓝田山庄》描绘的就是宋之问在蓝田辋川的优游岁月。先天元年（公元712年），宋之问被唐玄宗赐死于桂林，之后，这座山庄再也无人问津，枯木衰柳，满园荒芜。天宝三载（公元744年），拜水辋川、问道蓝田的王维，被这处山水吸引，遂托人找到宋家后人，买下这座山庄，成为辋川新的主人。自此后，他穿梭于长安与辋川之间，开始着手营建辋川别业。

在营建过程中，王维师法自然，融于自然，表现自然，顺应自然。

首先，他去芜理乱；然后，因地制宜，以他艺术家之眼界、水准，科学、合理地进行构思和规划。园中房舍的布局，景致的排列，其形与神，与天空大地、高山幽谷、花草树木等自然环境，圆融相接，相辅相成；以恬静、淡泊、含蓄的艺术视角，积石攒峰，缘情造景，凿池引泉，达到移步换景、错落有致、小中见大的观赏效果；且将诗词、禅理、绘画等超俗天分，巧妙地渗透其中，创造出意境深远、简约朴素、禅意悠悠的园林形式。

进入辋川别业，迎面就是孟城坳，在这里可以看到残存的古城痕迹。坳背的山冈即华子冈，山上林木葱郁，重峦叠嶂，宛若翠色的画屏。

华子冈对面有辋口庄，庄里房舍数间，几座亭台，沿溪而筑，景致幽深。

越过山冈，有高大的文杏馆，馆旁有王维亲手栽种的一棵银杏树，直到现在还枝繁叶茂，见证着匆匆过去的千年尘烟。旁边还有零星的几座山野茅庐，是来往行人的歇脚之处。馆后山岭蜿蜒，宛若蛇形，岭上大片的茂林修竹，称为斤竹岭。

缘溪而行，有木兰柴、茱萸沜、宫槐陌，山明水秀，草木清幽。

行至人烟稀少的山中深处，有林木幽深茂密的鹿柴。北垞依山而建，门前就是清澈如镜的欹湖。

欹湖之畔有依湖而建的临湖亭，斗拱飞檐，精巧别致。湖边堤岸上垂柳依依，倒影入清漪，逐吹散如丝，因之题名柳浪。再往前行，映入眼帘的是水流湍急的栾家濑。

一路南行，忽而折转山中，金屑泉飞珠溅玉，举目可见，山下谷地即南垞所在。缘溪下行，清浅的白石滩一目了然。

沿溪向上，就到了幽篁深密的竹里馆，王维常坐在此馆舍里弹琴。

从北垞到南垞、竹里馆等处，盈盈一水之隔，往来可以浮舟渡之。置身舟上，水色山光，尽收眼底。

竹里馆附近还有辛夷坞、漆园、椒园等处，因栽满一株株辛夷（紫玉兰）、漆树、花椒树而得名。

经过精心策划，倾力营建，方圆三十多里的辋川，被王维打造成为一个可耕、可牧、可樵、可渔的综合园林。王维亲笔所画的巨幅《辋川图》，山谷郁盘，云水飞动，意出尘外，怪生笔端，将辋川别业的神韵行云流水般地呈现于世人面前。

可以这样说，宋之问赋予辋川以形胜，王维赋予辋川以灵性。王维造就了蓝田辋川，蓝田辋川亦成就了王维。因其诗画，辋川被天下人所知，成为千百年来文人雅士倾心膜拜的桃花源。

第二节 辋川幽居

"世事浮云何足问,不如高卧且加餐。"

辋川别业,不仅山美水美,还可以激发诗人灵感,令王维笔底生花,思如泉涌。

由于王维执着于佛理禅意,他的诗词多表现为一种空寂之境,诗情诗语,似淡而还浓,似近而愈远。

《山居秋暝》就是一首诗中有画、画中有诗的千古佳作,被人传诵至今。

> 空山新雨后,天气晚来秋。
> 明月松间照,清泉石上流。
> 竹喧归浣女,莲动下渔舟。
> 随意春芳歇,王孙自可留。
>
> ——王维《山居秋暝》

一阵突如其来的山雨,消退了几日前的燥热,夜色如水,空气清新,花草树木也精神焕发。雨后的傍晚,在秋意的浸染下,清凉而适意。

松林里更加清爽安适,一轮圆圆的明月,从枝枝叶叶的缝隙筛下满地清辉,斑斑驳驳的树影在风中轻轻摇曳。泉水清而净,在光滑水润的石头上静静流淌,耳畔传来淅淅沥沥的脆响。泉水映着月影,烟水茫茫,和粼粼波光交相辉映。

竹林里，农家少女们浣洗着五彩的衣裙，清凌凌的水声，欢声笑语，伴着层层涟漪起伏荡漾。夜色渐浓，浣洗好裙衫的少女们撑船回去，湖上的打鱼人也抛锚下船了。小船轻巧地划过田田莲叶，划破荷塘月色的宁静，渐去渐远渐无迹。

眼里写满故事，诗里却不闻岁月的沧桑。千百年来，这空山新雨后的秋色，松间清泉上的明月，始终照耀着世人的心底。

在辋川幽居期间，王维笔下的诗篇，没有喧嚣冗杂的俗世乱象，没有蝇营狗苟的功名利禄，少有宦海浮沉的苦闷彷徨，而是一派纯净山水，云白山青，绿树飞鸟，风和日丽，温柔安详。在平平仄仄之间，氤氲着淡雅的画面美，流淌着空灵的音律美，浸润着端丽的含蓄美。一首诗即一幅流动的画。人境皆活，令人耳目一新，如这首《积雨辋川庄作》。

积雨空林烟火迟，蒸藜炊黍饷东菑。
漠漠水田飞白鹭，阴阴夏木啭黄鹂。
山中习静观朝槿，松下清斋折露葵。
野老与人争席罢，海鸥何事更相疑。

——王维《积雨辋川庄作》

这首七律，前四句描写田园风光，后四句写隐居生活，表现了王维对山水林泉的眷爱之情，意境深邃，兴味深远，是王维田园诗的代表作，有着诗人、画家身份的王维，音乐造诣亦很深厚，对自然景物的色彩、声音，感受特别敏锐和深刻。

"积雨空林烟火迟"，一个"迟"字，真切传神地描绘出在阴雨天气里，山庄上空浮动的炊烟，因湿气太重上升较慢，给人一种迟缓、凝滞之感，也透露出诗人此刻心境的闲散安逸。

在颔联"漠漠水田飞白鹭,阴阴夏木啭黄鹂"中,白鹭翩跹,黄鹂鸣啭,描绘出一幅有声有色的画面,将读者的各种感觉一一调动起来。"漠漠""阴阴",这两组叠字,不仅在白鹭飞舞、黄鹂啼鸣的动态之中衬托出山林的静谧与幽深,还体现出诗歌的声韵之美。

在漠漠水田、阴阴夏木的苍茫视野下,因为这些声色,阴雨天气的辋川山野更显得意兴盎然,闲逸顿生。

这首《积雨辋川庄作》,时人赞评:"淡雅幽寂,莫过右丞《积雨》。"

在王维的热情邀约下,卢象、丘丹、崔兴宗、钱起等诗友常拜访辋川。不过,和王维往来最为密切的是诗人裴迪,堪称王维最为忠实的追随者。

裴迪小王维十几岁,开元二十七年(公元739年)供事于荆州长史张九龄幕府。张九龄去世以后,裴迪返回长安,在终南山和王维成为忘年之交。王维得宋之问辋川山庄之后,裴迪遂搬到别业附近的小台暂居,成为王维亲密无间的道友兼诗友。

裴迪和王维一样笃信禅宗,除了写诗唱和,两人还经常一起诵经坐禅,讨论佛法,因为有着相同的信仰和审美情趣,所以灵魂更加贴近和融合。

辋川别业的二十个地名,也是二十处景点。王维和裴迪徜徉其间,即地命题,即景抒情,啸傲林泉,赋诗唱和。

王维以画家的角度,以音乐家的视听,撷取灵秀,捕捉声色,从色彩、线条、空间等多方面着墨,勾勒渲染,物我两忘,情与景合,创造出诸多传世佳作。

受其影响,裴迪和王维的诗风越来越相近。

之后,王维将以辋川别业二十处景点命名所作的二十首五言小诗,和好友裴迪的二十首和诗一起,辑为《辋川集》,并亲笔序文。

余别业在辋川山谷,其游止有孟城坳、华子冈、文杏馆、斤竹岭、鹿柴、木兰柴、茱萸沜、宫槐陌、临湖亭、南垞、欹湖、柳浪、栾家濑、金屑泉、白石滩、北垞、竹里馆、辛夷坞、漆园、椒园等。与裴迪闲暇各赋绝句云尔。

——王维《辋川集·序》

这些诗短小精悍,言简意明,不用典故,不讲出处,信手拈来,如清泉一眼见底,但诗味和兴象却韵致无穷,清幽绝俗。

譬如这首《竹里馆》,安然静寂之中隐含着郁勃之气。

独坐幽篁里,弹琴复长啸。
深林人不知,明月来相照。

——王维《竹里馆》

竹里馆,藏身于茂密的竹林里。傍晚时分,王维坐在馆舍旁边幽静的竹林里,他安静地弹琴,俄而高歌长啸。林深静谧无人,琴声如流水,如清歌,如梵唱;时而低沉如呢语,时而激扬如鸣玉之脆响。

夜幕降临,云霭渐收,银河流泻无声。竹林里的月光,轻轻拂过他的额角、眉弯,带来一片森森的凉意。细细密密的竹枝,在夜风中龙吟细细,疏影横斜。

他忆起儿时家乡祁县那片竹林,竹林旁母亲房里的琴声,琴声中母亲清秀的面庞。氤氲的雾气萦绕在石阶上,萦绕在石阶的青苔上,宛若岁月的痕迹。

诗中有画,画中有诗,这首《竹里馆》,可见一斑。

大抵性情相投,裴迪的同题赋诗,诗风诗韵和王维如出一辙。

> 来过竹里馆,日与道相亲。
> 出入惟山鸟,幽深无世人。
>
> ——裴迪《竹里馆》

远离世尘,心安自闲。王维的"深林人不知"和裴迪的"幽深无世人",有异曲同工之妙。

虽然幽居深山,无人驻足,无人观赏,辛夷坞的辛夷花,却没有错过每一季花期。

> 木末芙蓉花,山中发红萼。
> 涧户寂无人,纷纷开且落。
>
> ——王维《辛夷坞》

该开的时候,它不管不顾地全开了。开得云蒸霞蔚,耀眼夺目,万绿丛中一团团的红。而后,花期一过,就渐渐凋谢,一朵一朵,悄无声息地落下去。

不以有人欣赏而开,不以无人欣赏而落,空山无人,水流花开,万物如是。

身处万物之中的人,何以不如此?

诗人说,顺应天性,顺应自然,自在生长,自由开落,心无波澜,宠辱不惊,做一朵山中的辛夷花,其实挺好的。

王维以超然物外的禅意入诗,"无视无听,抱神以静,形将自正",使诗中画面既有人情味,又蕴含哲理,宛然置身于一种空明宁静的境界里。着墨不多,却意境高远。

譬如这首《欹湖》。

> 吹箫凌极浦，日暮送夫君。
> 湖上一回首，青山卷白云。
>
> ——王维《欹湖》

夕阳西下，日暮时分，诗人送别友人到欹湖，吹箫作别。载着友人的小船，在幽幽的箫声中，缓缓地驶出长长的水岸，渐行渐远，远到烟水茫茫，远到吹箫的人再也望不见。而站立在船头的远行人，亦依依不舍地回望着渐渐消失的江岸。回眸处，青山上云卷云舒。

在《欹湖》这一幅唯美诗画里，分离被诗人描摹成为一幅生动的山水剪影，和悠扬的箫声一起，荡漾在静静的欹湖之上。

全诗境界开阔，意味深沉。无一字言离情，离情却蕴含其中。其诗语，似随笔拈来，实则达观凝练，深情无限，令人怦然心动。

其含蓄之意，恰如欹湖之浪涛，激流暗涌，言有尽而意无穷。晚唐的司空图做了最精妙的注释。

> 不著一字，尽得风流。
> 语不涉难，已不堪忧。
> 是有真宰，与之沉浮。
> 如渌满酒，花时返秋。
> 悠悠空尘，忽忽海沤。
> 浅深聚散，万取一收。
>
> ——司空图《诗品二十四则·含蓄》

近代著名学者王国维先生言："以我观物，万物皆著我之色彩。"创设"有我之境"，诗语清简，怡情传神，亦是王维山水诗的一大特色。如这首《华子冈》。

> 飞鸟去不穷,连山复秋色。
> 上下华子冈,惆怅情何极。
>
> ——王维《华子冈》

还有这首被选入小学课本,小时候的我们背得滚瓜烂熟的《鹿柴》。

> 空山不见人,但闻人语响。
> 返景入深林,复照青苔上。
>
> ——王维《鹿柴》

缘于年代久远或者个人境遇,也许诗里表述的情趣和意境,不是当下的你我所经历过的,或能经历的,但诗中既有意象,自然而然,读到的人大抵就能顺着作者的思路身临其境,从而引发积极的共情。或许,这就是读诗的乐趣。

诗以言志、抒怀,"自抒己情,以待知者知",令后人烂熟于心,了然于胸,何尝不是一种快慰?

因为闲情,因为逸致,王维的诗歌,既得山水意旨,又兼林泉情趣之妙,得心应手,意到笔随。因而,就有了写秋日斜阳的《木兰柴》,写硕果飘香的《茱萸沜》,写四面芙蓉花开的《临湖亭》,形神兼备,美不胜收。

幽居辋川别业期间,也是王维山水田园诗创作的巅峰时期。这些山水小诗,代表了王维后期山水田园诗的艺术特色。仿佛不假思索,出口成章,分明是一首优美的诗,不必任何加工点缀,即可成为一幅绘声绘色的山水小画。后人赞曰:"神与境会,境从语显,其命意造语,皆从沉思苦练后,却如不经意出之,而意味、神采、风韵色色都绝。"

第三节　酒朋诗侣

辋川别业建成以后,众多诗友慕名而来,到园中参观拜访。

做朋友做得长远、不分彼此的那一个,必定是相处舒适、性情匹配、兴趣爱好一致的同类人。储光羲就是其中一位。

储光羲是润州延陵人,开元十四年(公元726年)登科进士,与綦毋潜同榜。之后因仕途不得意,在终南山隐居,在那里与王维交好。天宝六载(公元747年),储光羲被任命为太祝一职,世称储太祝。储光羲比较擅长五言古诗,诗作多表现淳朴恬静的山水田园风光和乡村生活场景,"格高调逸,趣远情深,挟风雅之迹,浩然之气",后人常将他与王维、孟浩然、韦应物、柳宗元并称,是唐朝有影响力的山水田园诗派代表之一。

王维非常敬佩储光羲的才华,欣赏他谦谦君子的书卷气,两人交往至密,诗歌酬唱,不亦乐乎。

一个明媚的春日,储光羲到辋川看望王维。许是王维补阙上朝未还,他就在山间随意走走,等待朋友归来,抬眼所见,捉笔成诗。

山中人不见,云去夕阳过。
浅濑寒鱼少,丛兰秋蝶多。
老年疏世事,幽性乐天和。

酒熟思才子，溪头望玉珂。

——储光羲《蓝上茅茨期王维补阙》

这一首《蓝上茅茨期王维补阙》，笔随意走，闲适幽远。傍晚时分，在溪头翘首企盼的储光羲，终于等到了迎面而来的主人。

来往多了，有等而不归；自然，也有待而不至。

缘于有约在先，王维一大早就打开了重重门户，恭候好友的到来；这样还不够，他毕恭毕敬地坐着，倾心捕捉友人到来时马车发出的声音；甚至听马车声还不够，还要侧耳辨认，外面是不是友人身上的玉佩因走动而发出的叮当声，再满心欢喜走出去迎接。

与此前储光羲的等待不同，好客的王维也许想急切见到好友，与好友把酒言欢，分享自己的一腔心事和所见所得，因而等得如此渴望，渴望中又有些微的焦急。

从旭日初升到日落黄昏，王维等了很久很久。晚钟已经响起，约好的朋友依旧未至。外面飘起了零星小雨，天色渐渐暗下来。他知道朋友大概是临时有事而失约了，不由得一声轻叹。奈何期待的情绪仍萦绕于怀，经久不去，这就是《待储光羲不至》一诗的由来。

重门朝已启，起坐听车声。
要欲闻清佩，方将出户迎。
晚钟鸣上苑，疏雨过春城。
了自不相顾，临堂空复情。

——王维《待储光羲不至》

失约的储光羲，读到这首情真意切的诗章以后，内心的感慨可想而知，遂提笔吟诗，酬答好友的古道热肠。

> 门生故来往，知欲命浮觞。
> 忽奉朝青阁，回车入上阳。
> 落花满春水，疏柳映新塘。
> 是日归来暮，劳君奏雅章。
> ——储光羲《答王十三维》

因着主人的好客邀约，因着主人的盛情款待，闲暇之余的储光羲，常常会在辋川盘桓数日。两个人弹琴赋诗，推杯换盏，自在而逍遥。

对年长于自己且诗名远扬的王维，储光羲敬重有加。于是，就有了那么一组《同王十三维偶然作》，整整齐齐十首，你唱我和，诗以言志。

> 田舍有老翁，垂白衡门里。
> 有时农事闲，斗酒呼邻里。
> 喧聒茅檐下，或坐或复起。
> 短褐不为薄，园葵固足美。
> 动则长子孙，不曾向城市。
> 五帝与三王，古来称天子。
> 干戈将揖让，毕竟何者是。
> 得意苟为乐，野田安足鄙。
> 且当放怀去，行行没馀齿。
> ——王维《偶然作六首·其二》

野老本贫贱，冒暑锄瓜田。

> 一畦未及终,树下高枕眠。
> 荷蓧者谁子,皤皤来息肩。
> 不复问乡墟,相见但依然。
> 腹中无一物,高话羲皇年。
> 落日临层隅,逍遥望晴川。
> 使妇提蚕筐,呼儿榜渔船。
> 悠悠泛绿水,去摘浦中莲。
> 莲花艳且美,使我不能还。
> ——储光羲《同王十三维偶然作十首·其三》

上面两首诗,均以白描的手法、闲淡的笔墨,从容书写怡然自乐的农家田园生活,充盈着盎然的隐逸情趣,由此可以看出两人相近的风格,以及身在官场,心在山水,渴望归隐林泉的理想追求。

坐拥佳景,更遇益友,和酒朋诗侣一起模山范水,练赋敲诗,好一出快乐逍遥!

某一个夏日傍晚,王维偕裴迪一起到附近的感化寺寻僧问道。两人相约在虎溪头碰面。在崎岖的山路上,他们倚靠筇竹手杖而行,沿着潺湲山溪,穿过竹林小道,终于抵达寺院门前。辛苦劳累自然不说,收获亦不少。寺院周围的水色山光,竹林松风,花香鸟语,其幽邃之景让他们一饱眼福。和昙兴上人一起谈经论道更让两人长了见识。

诚然,行中有禅,坐中有禅,眼底世界,禅机无处不在。浮名浮利不过虚苦劳神,心净不染尘,心寂自在生。

返回辋川后,王维有感做《过感化寺昙兴上人山院》,裴迪同题咏之。

暮持筇竹杖，相待虎溪头。
催客闻山响，归房逐水流。
野花丛发好，谷鸟一声幽。
夜坐空林寂，松风直似秋。
——王维《过感化寺昙兴上人山院》

不远灞陵边，安居向十年。
入门穿竹径，留客听山泉。
鸟啭深林里，心闲落照前。
浮名竟何益，从此愿栖禅。
——裴迪《游感化寺昙兴上人山院》

　　此一行，有明心见性的清谈，有醍醐灌顶的了然，有会心一笑的惬然，有你唱我和的释然。看到想看到的，听到想听到的，得到想得到的，此等清妙，"可为知者道，难为俗人言"。

　　腊月的辋川，气候温润，景色秀美，王维想邀请好友到山中游玩。他兴冲冲地赶到裴迪寓所，却看到他正坐在案旁专心温习经书，为来年的应考做准备。不便叨扰，王维便自行在山间漫步。随意走着，不知不觉就到了感配寺门前。他到寺中和住持边吃边聊，一起用了斋饭，休息片刻后，便告辞离开。

　　回到别业，王维还在惦记着裴迪，于是挥毫泼墨，写了一封书信，托载运黄檗的人带给好友裴迪。

　　近腊月下，景气和畅，故山殊可过。足下方温经，猥不敢相烦。辄便往山中，憩感配寺，与山僧饭讫而去。
　　北涉玄灞，清月映郭。夜登华子冈，辋水沦涟，与月上下。寒山远火，明灭林外。深巷寒犬，吠声如豹。村墟夜春，复与疏钟相间。此时独坐,僮仆静默,多思曩昔携手赋诗,步仄径,临清流也。

当待春中,草木蔓发,春山可望,轻鲦出水,白鸥矫翼,露湿青皋,麦陇朝雊。斯之不远,傥能从我游乎?非子天机清妙者,岂能以此不急之务相邀?然是中有深趣矣!无忽。因驮黄檗人往,不一。山中人王维白。

——王维《山中与裴秀才迪书》

苏轼评王维:"味摩诘之诗,诗中有画;观摩诘之画,画中有诗。"王维的文中则有诗亦有画。

在这封书信中,王维以诗人的文思、画家的笔法,谱写了一篇"诗中有画,画中有诗"的抒情散文,一首赞美田园风光和诠释友情的唯美诗篇。

诗人开篇向朋友描述了山中时日,辋川明媚的春色及冬景。诗人渡过深青色的灞水,在夜色中登上华子冈,只见月光下的辋水泛起涟漪,水中的月影也随之上上下下,绰约可见。山林深处的灯火,在黑暗无光处明灭可见。深巷中的吠声,村子里的舂米声,山寺中传来的稀疏的晚钟声,更衬托出山庄晚间的沉寂。而在这份空旷、这份沉寂中,随行的僮仆已昏昏欲睡,诗人独自静坐,回想着昔日和裴迪同游,两个人在狭窄的山道上漫步,在清溪边谈天说地、携手赋诗的美好往事,心情久久不能平静。

辋川的春天,草木蔓发,春山可望。那银色的鲦鱼,轻快地跃出水面;那白色的鸥鸟,一声长鸣展翅高飞;那晶莹的晨露,打湿了青色的草地;那麦田里的雉鸡,撒欢似的在清晨鸣叫。

春水初生,春林初盛。倘若你在场,春天该有多美好,就像嫩绿草使春雨香。

如此美景良辰，如果错过，不能和有心人、有缘人一起同游同赏，实在太过遗憾。王维诚挚地邀请裴迪，写了一首又一首。

不相见，不相见来久。
日日泉水头，常忆同携手。
携手本同心，复叹忽分襟。
相忆今如此，相思深不深？

——王维《赠裴迪》

裴迪看到书信和诗后，一边感动一边赞许，等不及春暖花开，就急忙出门，去和王维会晤。

多日不见的友人再次相见，怎不让人欣喜若狂？

风景日夕佳，与君赋新诗。
澹然望远空，如意方支颐。
春风动百草，兰蕙生我篱。
暧暧日暖闺，田家来致词。
欣欣春还皋，淡淡水生陂。
桃李虽未开，荑萼满芳枝。
请君理还策，敢告将农时。

——王维《赠裴十迪》

这首诗背景下的王维，神采飞扬，意气风发。远离是非之地、亦官亦隐的他，情归山林，志在自然，状田园美景，绘乡野春色，平易可亲，闲情逸趣溢于笔端。

时常，兴之所至，裴迪会撑着一只小船，荡荡悠悠，到辋川去和王维相聚。

> 寒山转苍翠，秋水日潺湲。
> 倚杖柴门外，临风听暮蝉。
> 渡头馀落日，墟里上孤烟。
> 复值接舆醉，狂歌五柳前。
>
> ——王维《辋川闲居赠裴秀才迪》

在柴门之外，王维和裴迪倚杖临风，听蝉鸣晚树，看水瘦山寒，还有缥缈的墟里炊烟。两个人从容的举止，安逸的闲情，和"采菊东篱下"的陶翁和"凤歌笑孔丘"的青莲居士又有何区别？

王维与"天机清妙人"裴迪之间，同来同往，亦师亦友。两人同为大唐山水田园派诗人，诗风相近，性情相投，且对山水之美、自然旨趣有着洞若观火的灵性和悟性。《全唐诗》中，共收集裴迪诗三十首，其中二十八首是与王维的酬唱赠答之作。而在王维流传下来的四百余首诗篇中，和裴迪赠答与同咏的诗章也多达三十余首。

诚然，每一条走过来的路，都有不得不跋涉的理由；每一条将要走下去的路，都有不得不选择的方向。

当理想和现实产生矛盾冲突的时候，有的人迎难而上，有的人就此沉沦，王维则选择与自己和解。

他明白，朝堂之上，有些事情不可为，有些事情又不愿为。既然活在当下，就要接受当下的一切。与其浑浑噩噩，不如做清醒的旁观者。

自洽于内心，又得融于世俗，做喜欢的事，交往喜欢的人，一起享受当下的生活，何尝不是一种幸福呢？

第四节 塞北孤松

天宝三载（公元744年），唐玄宗自恃天下太平，府库充盈，头脑也愈发膨胀，认为自己光复大唐开创霸业，功勋卓著直追上古圣君皋陶、尧、舜、禹，便取《尔雅·释天》中"载，岁也。夏曰岁（取岁星行一次），商曰祀（取四时一终），周曰年（取禾一熟），唐虞曰载（取物终更始）"的说法，以载代年，颁布《改天宝三年为载制》令，昭告天下，改纪年为"天宝三载"：

履端正名，义取垂范，体元设教，在乎变通。虽沿革从宜，罔不稽古。朕缵复兴运，恭守睿图，尝恐至化犹微，淳风尚薄，未臻华胥之俗，登可封之人，故未明求衣，日昃忘食，励精为理，思致雍和。历观载籍，详求前制，而唐虞之际，焕乎可述，用是钦若旧典，以协惟新，可改天宝三年为载。

殊不知，此时的长安城，烈火烹油，鲜花着锦的盛世光鲜之下，实则暗流涌动，内外堪忧，正在一步步走向腐朽衰败，大唐的光辉盛业危如累卵。

随着年龄的增长和权力的巩固，道家清静无为的思想在唐玄宗身上占了主流，他弃皇权不顾，放权给宰相李林甫，让他代为理政，并且刚愎自用，不听良言规劝。

司马光编纂的《资治通鉴》上，就记载了这样一则史实：

上从容谓高力士曰："朕不出长安近十年，天下无事，朕欲高居无为，悉以政事委林甫，何如？"对曰："天子巡狩，古之制也。且天下大柄，不可假人；彼威势既成，谁敢复议之者!"上不悦。力士顿首自陈:"臣狂疾,发妄言,罪当死。"上乃为力士置酒,左右皆呼万岁。力士自是不敢深言天下事矣。

高力士是唐玄宗的心腹,忠心耿耿跟随唐玄宗多年,虽然身为宦官,却行事机敏、沉稳果敢,素有"顺而不谀,谏而不犯"的声名。天宝三载(公元744年),崇尚道家无为而治的唐玄宗,自以为天下无事,可以高枕无忧,欲将朝堂政事交由李林甫处理。高力士以古制直言相劝,但唐玄宗听到后,却一脸不高兴。惹怒皇上自然没有好果子吃,善于察言观色的高力士赶紧跪下认错,称自己脑子发昏胡言乱语,方才平息了圣怒。从此,高力士再也不敢在皇帝面前轻言天下大事了。

没有了耳边的聒噪和规劝,唐玄宗更加"放飞自我"。他大兴土木,扩建豪华离宫;他宠幸杨贵妃,寻欢作乐;他沉迷于歌舞酒色,挥金如土。

正如白居易《长恨歌》中所写:"姊妹弟兄皆列土,可怜光彩生门户。遂令天下父母心,不重生男重生女。"杨门一族鸡犬升天,作威作福,家族成员居住的豪华宅邸,每一处花费都在千万以上。杨贵妃的三个姐姐分别被追封为韩国夫人、虢国夫人和秦国夫人,赏赐给她们的脂粉钱,每年都有千贯之多,更不用说各种吃穿用度。每日凌晨,杨贵妃的族弟杨国忠,都会带着杨家的豪华仪仗队穿过长安城,盛气凌人地进宫面圣。火把和宫灯,把路过的街巷照得如同白昼。

"春寒赐浴华清池,温泉水滑洗凝脂。"每年的十月,唐玄宗李隆基都会带着杨贵妃及其姐妹游幸骊山华清宫。车马仆从浩浩荡荡绵延十余里外,所经之处,遗落的首饰珠宝不计其数,奢靡腐化无以复加。

朝中政务交由李林甫一手操持,边陲重地交付安禄山镇守。

兼任平卢节度使和范阳节度使的安禄山，成为兵力高达九万之多的封疆大吏，为安史之乱埋下重大祸端。

安禄山特别善于曲意逢迎，刻意讨取皇帝及妃子的欢心，唐玄宗和杨贵妃收安禄山为义子，频频传召入朝觐见，并被特赦自由出入禁宫。"上宠待甚厚，谒见无时。"巍巍盛唐竟堕落至君不君、臣不臣的地步。

从谏如流向来是圣明君主的风范和气度，登基初始的唐玄宗亦如此，身边出现了姚崇、张九龄等贤臣良将。如今的唐玄宗，不复从前的清明和上进，朝堂亦不复从前的清平和公正。

李林甫权倾朝野，野心勃勃，为巩固自己的地位，千方百计阻塞言路，变本加厉打压异己。补阙官杜琎，曾向皇帝呈递奏折，劝谏皇帝用人要重文采重人品。无疑，这条建议直接戳中"寡学术"的李林甫的痛处。和李林甫过不去就是和官位过不去，李林甫随便找个理由，便将杜琎贬为下邽县令，逐出京师。末了，还杀鸡儆猴，利用此事件威吓百官："君等独不见立仗马（作为仪仗的马匹）乎？终日无声，而饫三品刍豆；一鸣则黜之矣。"意思是管好自己的嘴巴，保持不作声，方能保官保命。

满朝文武受其恐吓，唯唯诺诺，虚与委蛇，不敢多言。从此谏诤路绝，正气不存。

李林甫又利用王鉷等人大肆搜刮民财，增加赋税，来满足唐玄宗的大肆挥霍。他屡兴大狱，残害忠良。朝堂之上一片乌烟瘴气，混乱不堪。

在这样的大环境下，缺乏政治手腕的王维，纵使愤愤不平，却无力抗争。

因为常常侍从扈驾，有时还不得不违心地敷衍应景。

天子幸新丰，旌旗渭水东。

寒山天仗外，温谷幔城中。
奠玉群仙座，焚香太乙宫。
出游逢牧马，罢猎见非熊。
上宰无为化，明时太古同。
灵芝三秀紫，陈粟万箱红。
王礼尊儒教，天兵小战功。
谋犹归哲匠，词赋属文宗。
司谏方无阙，陈诗且未工。
长吟吉甫颂，朝夕仰清风。

——王维《和仆射晋公扈从温汤》

这首《和仆射晋公扈从温汤》，是王维扈从温汤，奉皇帝之命，酬和宰相李林甫的一首诗。或许是价值不大，李林甫的原诗没有留存下来。

《和仆射晋公扈从温汤》是王维留下的唯一一首与李林甫的和诗。诗中写"陈诗且未工"，显而易见，是奉旨所和，皇命难违，对他这个才子来说，信手拈来就是诗。况且，同在天子麾下做事，你唱我和，实属平常。如果王维执意巴结权贵，也不至于在从七品的左补阙职位上踏步多年。

天宝四载（公元745年），四十五岁的王维终于升职了，迁为侍御史，从门下省转到兵部，从六品。不久，他就奉皇帝之命，出使北部边塞重地榆林、新秦二郡，到那里督察边防工作。这是王维继古凉州后的第二次出塞，第三次奉命出使。

王维由长安出发，经坊州、富州、延州、绥州、银州，到麟州的新秦，然后抵达胜州的榆林。

凉州问边时，王维三十七岁，正值风华正茂的年纪。如今八年过去，精力和体力大不如前。在交通极不发达的情况下，这样的长途颠簸,实属艰难不易。再加上做官做得不舒畅,此次出塞,心境大为不同。

那时的他,提笔就是"大漠孤烟直,长河落日圆""草枯鹰眼疾,雪尽马蹄轻""十里一走马,五里一扬鞭",声击金石,气象雄浑。而如今,眼前的万里春色、黄河奔腾,却被蒙上无边愁色,淙淙的泉水也因乡愁之故成为呜咽之声。

  山头松柏林,山下泉声伤客心。
  千里万里春草色,黄河东流流不息。
  黄龙戍上游侠儿,愁逢汉使不相识。
         ——王维《榆林郡歌》

朝政昏暗,边塞凶险,漂泊在外的边塞将士,心有愤懑,却无处可诉,欲归家无望,欲报国无门。戍边游侠的落寞,何尝不是诗人心底郁郁难解的惆怅?

诗为心声。某一日,在这高山峻岭、地广人稀的新秦郡,王维独自登上一处山峦。置身山巅,他又看到了经常看到的那棵身形伟岸,扎根于岩石中的松树,情不自禁地引吭高歌。

  青青山上松,数里不见今更逢。
  不见君,心相忆,此心向君君应识。
  为君颜色高且闲,亭亭迥出浮云间。
         ——王维《新秦郡松树歌》

在莽莽苍苍的峰岭之上,这棵青松姿态清俊,巍然屹立,"为君颜色高且闲,亭亭迥出浮云间",让诗人心生敬慕,感慨万端,感慨它不畏严寒酷暑,不畏雨雪风沙。寒暑不减其苍翠之色,荒旱难折其挺拔之姿。

诗人对着这棵青松,自表心迹。他不愿卑躬屈膝于权贵,和李林甫之辈同流合污。他愿如这棵青松,即便身前是悬崖,身后是绝壑,依然以高洁的姿态、闲逸的情怀傲然挺立。

诚然,一个人站位高了,自然就会收获一份更加开阔的胸襟。这也是这首诗给我们的启示之一。

一年后,王维从榆林返回长安,汇报完工作,交接过差事之后,他重新回到辋川,开启了有事上朝、无事居家的半官半隐的生活。

> 不到东山向一年,归来才及种春田。
> 雨中草色绿堪染,水上桃花红欲然。
> 优娄比丘经论学,伛偻丈人乡里贤。
> 披衣倒屣且相见,相欢语笑衡门前。
>
> ——王维《辋川别业》

此时的辋川,正值春耕农忙季节。春雨润滑如酥,绵绵如丝。茫茫烟雨中,草色显得愈加青绿,绿得要滴出水来,好像要把眼前的一切都染得油绿晶亮;河岸上红艳艳的桃花,开得繁盛而热烈,远远看去,仿若一团团燃烧的红云,娇艳而迷人。

诗人漫步在田间村舍,与农人邻居打着招呼,熟络地攀谈。无论是僧人,还是在乡里隐居的野老闲人,闻听诗人回来了,披着衣服,来不及穿好鞋子就急忙出来迎接。众人坐在柴门前开怀畅谈,谈农事,话桑麻,欢声笑语,分外相亲。

就像陶渊明《归园田居》里描述的那样:"久在樊笼里,复得返自然。"回到辋川的王维,安适自足,怡然自得。所以运笔从容,活泼明朗,读着也让人倍觉舒畅,耳目如洗。

第五节 母丧丁忧

骨肉亲情和朋友深情,是王维生活中最重要的精神寄托和心理慰藉。

自父亲离世以后,作为家里长子的王维,以其柔弱的双肩,担起振兴家族的重任。他敦亲睦邻,孝悌忠信,尽心尽意地协助母亲,佑护年幼的弟弟妹妹长大成人。

母亲崔氏笃信佛教,曾师事高僧大照禅师,潜心奉佛三十多年。她谨守三皈依,奉行五戒,一日三餐蔬食清淡。夫君病逝之后,崔氏更是不着华衣彩饰,常年一身粗布衣裙,安详肃穆。她每日里除了洒扫除尘、操持家务外,两个时辰的焚香打坐、礼佛参禅从不懈怠。

千万经典,孝义为先。古代读书人特别注重孝道,王维亦如此。他花平生心血在蓝田买房置地,营建辋川别业。其一,是为了把年迈的母亲接到京师,好在身边晨昏奉养,时时照应。其二,才是为自己亦官亦隐的生活所考虑。

在辋川的幽僻之处,王维精心为母亲设计和建造了一处远离喧嚣的佛堂,佛堂附近有房舍数间,竹林清溪,幽静安谧,景色宜人,供母亲晨昏礼佛,修行静养。

别业建成后,王维把母亲从老家蒲州接到辋川,并从老家带来两个善良心细的侍女服侍母亲的饮食起居。每天清晨,王维会来到佛堂,陪着母亲参禅打坐,一起朗声吟诵《维摩诘经》。

岁月静好,禅房清幽。王维多希望就这样相伴左右,以日以年,来报答母亲的一世苦辛。可是上天又怎会让人如意?人生没有那么多的来日方长。

天宝九载(公元750年)正月,崔氏突发疾病,起坐无力。王维遍访京师名医,为母亲寻医问药。终日在病榻前照顾,端茶送饭,侍奉母亲服药调治,母亲的病情却未见好转。一月有余,气若游丝,身体愈发羸弱。

一日,王维伺候母亲粥饭后,母亲气色稍有好转,有了一些精神。母亲拉着他的手说:

"这些天劳累吾儿了。看吾儿形容憔悴,娘于心不忍。维儿,不用费心再请医官前来诊治了。凡事都有定期,天下万物都有定时。为母年逾古稀,恐大限之日不久矣。"

王维连忙安慰说:"母亲言重了,服侍母亲乃孩儿分内之事,母亲安心静养,定会病去体安。"

母亲示意他坐下:"生老病死,人之常情。佛家语,方生方死,方死方生,死去乃是无限接近重生。吾儿不必太放在心上。"

母亲轻舒一口气,又缓缓说道:"为母去后,你们兄弟五人要互相照顾,谨慎行事;要宽容万物,与人大度,闲静少言,不慕荣利,但求一生平安顺遂。"

无论孩子多大,都是母亲永远的牵挂。王维悉听教诲,感念母亲的通达明理,含泪点头称是。

次日黄昏时分,纵王维和弟弟们多么恋恋不舍,泣涕涟涟,母亲还是安详地逝去了,享年七十二岁。

王维和弟弟王缙把母亲葬于辋川南垞水色山光之处,并将父亲的衣冠冢和母亲合葬,这也是母亲最后的遗愿。

她说,孩子们已长大成人,各有建树,尘世的任务完成,她可以无牵无挂地去见他们的父亲了。

母亲过世后,王维遵照古制,解官去职,屏居辋川丁母忧。

父母在，人生尚有来处；父母去，人生只剩归途。在丁忧的二十七个月里，王维屏居蓝田，躬耕田园，一日三餐菜蔬斋饭，不茹荤血，不衣文彩，闭门不出，几乎与世隔绝，过着苦行僧般的生活。他潜心向佛，闲暇时焚香独坐，以禅诵为事，虔诚地为母亲祈祷，祈愿母亲的亡灵早日超度。

> 独坐悲双鬓，空堂欲二更。
> 雨中山果落，灯下草虫鸣。
> 白发终难变，黄金不可成。
> 欲知除老病，唯有学无生。
>
> ——王维《秋夜独坐》

成年人的崩溃，连哭都被调成"静音模式"。这个秋天的雨夜，诗人独坐在空寂的佛堂，陷入深深的忧伤之中。

泪眼婆娑中，他依稀看到母亲正端坐在榻上，案前放着几本摊开的黄卷经书，母亲轻语吟诵，他也跟着吟诵，和母亲一起虔心礼佛。那是一幅特别温馨的画面。

可回过神来，佛堂中只剩下孤寂的自己，听到的只是自己的声音。两鬓斑白的他，泪水再一次落了下来。

已是二更天了，窗外的雨依旧淅淅沥沥。房门外，偶有山果从枝头坠下，一声脆响打破黉夜的空静，然而只是瞬间，除了滴落的雨声，一切又恢复之前的岑寂。摇曳的烛影下，几只不知什么时候悄然潜入的草虫，蛰伏在房间角落里时不时发出一阵嘁嘁的鸣叫。原来，秋意渐深，天凉已入骨。

诗人看到镜中如雪的双鬓，感受到时光正在"攻城略地"，一寸寸侵蚀他的肌体，还有他的心魄。他感到无力和悲哀。激情、活力、健康、体能，渐去渐远。时迈人老、生老病死终究是每个生命的最后归宿，一个人就是这样在无情岁月中渐渐走向衰亡。人生没有逃避灾厄的捷径可言，唯有皈依佛门，才可以让人摒弃七情六欲，除却内心疾苦，得以灵魂安适，解脱生老病死之痛。

日升月落，雨散云收，总有黎明，总有晴空，让你与当下握手言和。诗人以超然的觉悟和佛理，浑然而就。于清新中蕴含悲苦，伤感中又含有情理。后人评："神伤幽独，是夜情景，万古如生。"

这个秋天的雨夜，诗人静坐空堂，明彻神仙方术祈求长生之虚妄，了悟万物有生有灭之根本，放下执念，度人度己。历经劫难，勘破世事后，王维娴熟地把其内在的佛法和对外界的感悟融会在一起，自视内省，和光同尘。

世上存在着不能流泪的悲哀，这种悲哀无人可以倾诉。母亲去世后，丁忧守孝的王维没有留下任何诗歌怀念亡母，也未曾有任何悼念亡母的祭文或碑铭流传下来。舐犊之爱，伉俪情深，大爱希声，情深不言。母亲和妻子，这两个牵系王维一生的女人，他愿把所有的挚爱与不舍都内化于心，如深冬夜晚的冰雪尘封心底，独自静默，独自深思。

看得开，才能放得下。而看得开，大抵是因为阅历沧桑，使心变得足够包容，足够辽阔。心辽阔了，人生才得以更加辽阔。

母亲不在了，好在他还有诗，有一同把酒言欢、写诗唱和的朋友。性情温和敦厚的王维，分外看重朋友之情。

友情是相互的，王维在思念朋友们的时候，他的朋友们也在时时牵挂着他。

秋日的一天，储光羲、李颀、丘为等好友十分惦记居家丁忧的王维，担心他太过悲伤，心绪不佳，便特意相邀一起到辋川看望王维。

果然如他们所料,眼前的辋川还是和昔日一样的静美,秋高气爽,硕果累累。但它的主人除了目光依旧温和坚定外,不复往日的精神、意气,柴毁骨立,殆不胜丧。朋友们为王维的至孝而感动,同时又为他的现状忧心。

为迎接远道而来的故友,王维憔悴的面容上绽露出久违的笑容。久不出门的他,拿不出丰盛的山珍海味招待客人,空旷的馆舍中,内部陈设也非常简单,只有荆条和禾秆编织的席子。但知心好友不觉粗陋,不嫌寒酸。王维拿出刚采摘的新鲜蔬果,热情地招待远道而来的好友。好友们一边喝茶聊天,一边吃着瓜果,其乐融融。

几位朋友嘘寒问暖,诚挚而贴心地劝勉王维要面对现实,莫要一味地沉溺于伤悲,折损身体。他们言,母亲若在天有灵,也不愿看到他如今的样子。

好友们拉着王维走出书斋,相携来到乡野田园,一起赏碧水蓝天;一起泛舟湖上,攀折水中含苞待放的荷花;一起看一条条洁白的鲔鱼,映衬着湖底洁净的河沙;一起侧耳聆听鸟雀的云间鸣啭,观看夕阳落下,渐渐隐于西天的晚霞。

几位挚友朗声劝慰主人,大自然春去秋来,生机勃勃,置身在这样的广阔天地中,视而不见,听而不闻,岂不是辜负了大好光阴?朋友们的肺腑之言,让王维感受到了最真切的关爱和幸福。

一天的悠游时光就这样匆匆过去了。几位好友登上车马,和王维挥手告辞。雀噪荒村,鸡鸣空馆,黄昏里的辋川又陷入一片幽静。

不过,好友的一番盛情,令王维谨记于心,他决定不辜负朋友们的期望,让自己打起精神,走出心灵困境。这首《酬诸公见过》就是对朋友此行的酬答之作。

嗟予未丧，哀此孤生。
屏居蓝田，薄地躬耕。
岁晏输税，以奉粢盛。
晨往东皋，草露未晞。
暮看烟火，负担来归。
我闻有客，足扫荆扉。
箪食伊何，簋瓜抓枣。
仰厕群贤，皤然一老。
愧无莞簟，班荆席藁。
泛泛登陂，折彼荷花。
静观素鲔，俯映白沙。
山鸟群飞，日隐轻霞。
登车上马，倏忽云散。
雀噪荒村，鸡鸣空馆。
还复幽独，重欷累叹。

——王维《酬诸公见过》

为了帮助王维早日走出心霾，卢象、崔兴宗、裴迪常常驱车赶来看望王维，成为辋川的常客。

一日，几个人在草堂把酒闲谈，忽然一只脊背青灰的鸟雀轻盈地飞过，旁若无人地跳上窗台，停留片刻后飞向对面榕树的枝头。于是，心思活络的裴迪就提议说："各位兄台闲着也是闲着，不如以青雀为题，作诗联句，为喝酒助兴。"此倡议得到大家的热烈响应，于是，就有了这么一组同题异构的《青雀歌》。

青雀翅羽短，未能远食玉山禾。

犹胜黄雀争上下，唧唧空仓复若何！

——王维《青雀歌》

啾啾青雀儿，飞来飞去仰天池。
逍遥饮啄安涯分，何假扶摇九万为。

——卢象《青雀歌》

青扈绕青林，翩翩陋体一微禽。
不应常在藩篱下，他日凌云谁见心。

——崔兴宗《青雀歌》

林间青雀儿，来往翩翩绕一枝。
莫言不解衔环报，但问君恩今若为。

——王缙《青雀歌》

动息自适性，不曾妄与燕雀群。
幸忝鹓鸾早相识，何时提携致青云。

——裴迪《青雀歌》

　　诗者，天地之心也。同样一只青雀，在几位诗人的笔下，呈现出不同的性情和状态，构思奇巧，各有千秋。

　　王维笔下的青雀，不会因为翅膀短小飞不到遥远的玉山，就与目光短浅的黄雀沉瀣一气，而是始终保持自己的高洁傲岸之精神追求，誓不与世俗同流合污；热血青年卢象和崔兴宗，他们眼里的青雀，有着扶摇万里、不寄藩篱的凌云壮志；弟弟王缙意在加官晋爵，图报君恩之情清晰可见；初出茅庐的裴迪则渴望被提携，如青雀直上青云，一展鸿鹄之志。

正好应了"诗以言志""言为心声"。诗友们吟诗作对，何尝不是借青雀吐露心声，他们眼里的青雀，无非是每个人心目中所属的自己。

不久，内弟崔兴宗这只青雀即扶摇直上，升迁饶州长史，他和王维匆匆告别后，就履新上任去了。

这个秋夜，夜凉如水，秋虫呢喃，窗台下那棵高大茂密的大槐树，在北风中枝叶狂舞，发出呜呜的鸣响。独坐草堂中的王维，念及内弟，感慨万分，遂诗以记之。

夜静群动息，蟋蛄声悠悠。
庭槐北风响，日夕方高秋。
思子整羽翮，及时当云浮。
吾生将白首，岁晏思沧州。
高足在旦暮，肯为南亩俦。

——王维《秋夜独坐怀内弟崔兴宗》

在诗中，王维为内弟崔兴宗仕途升迁，将一展凌云之志而由衷祝福。同时为老之将至的自己，又失去一位可以同起同坐、琴酒自娱的知音而心怀怅惘。

"吾生将白首，岁晏思沧州。"此沧州，非地理位置上的河北沧州，在诗中泛指临水之地，即隐逸之士居住的地方。在诗中，王维表达了自己希望归隐的愿望。另一首《辋川闲居》亦彰显了同样的主题。

一从归白社，不复到青门。
时倚檐前树，远看原上村。
青菰临水拔，白鸟向山翻。

> 寂寞於陵子，桔槔方灌园。
>
> ——王维《辋川闲居》

白社，在今洛阳市东部。出自晋代葛洪《抱朴子·杂应》的典故："洛阳有道士董威辇常止白社中，了不食，陈子叙共守事之，从学道。"白社原本为学道之地，在这里借指隐居之所。青门，汉朝长安城的东南门，颜色是青色，故为"青门"，诗中用来借指京师长安。於陵子，战国时期隐居的士人。据邹阳《狱中上梁王书》中记载："於陵子仲辞三公为人灌园。""仲"，指在家中男性同辈中排行第二。於陵子的兄长是齐国卿相，他认为兄长为人不义，就搬到楚国居住。楚国人欲聘他为宰相，他得知消息后，遂带着妻子逃跑，找个地方藏起来，以给别人浇灌田园作为生计。

从诗中可以看出，诗人已经习惯像於陵子那样远离京师、归隐田园的隐士生活，像水中茭白那样寂寞独立，像山中白鸟那样翻飞于晴空。虽然孤独，但自在。

历千劫，始成佛。丁忧之后的王维，在朋友们的帮助下，终于让自己走出执念，走出慈母离世的阴影。

卷七 忍别青山自兹去

第一节 阳关三叠

天宝十一载（公元752年）三月初，王维五十二岁。丁忧期满的他，被皇帝召到宫中，拜为吏部郎中。

月末，吏部被改为文部，文部郎中从五品上，为尚书、侍郎之下的高级官员。其职责依旧是护卫、陪从，伴随帝王左右，随时给予建议，备顾问和差遣。总而言之，是官升一级。

同年十一月，为相十九年的李林甫病逝，唐玄宗开始倚重杨贵妃的族兄杨国忠。杨国忠被擢升为右丞相，掌控着朝中大权。杨国忠不学无术、强辩轻躁，又不具备李林甫的政治手腕，致使官吏贪黩，朝纲更加紊乱，大唐之"盛"日薄西山。

然而，被杨氏一族蒙蔽的唐玄宗，却毫无危机感，依旧不理朝政，放任自流。日日沉迷于轻歌妙舞，耽溺于安逸享乐中不能自拔。

人们常说:"樱桃好吃树难栽。"樱桃这个树种怕冷、怕热、怕旱且怕涝。古时候没有现在的塑料大棚技术和生产设备,难以形成大规模的种植和栽培。所谓物以稀为贵,色泽红艳、光泽莹润、口感酸甜的樱桃,遂成为不同一般的贵族美食,和珠宝一样珍稀。当然,品尝这样的珍品,皇家有着极为隆重的仪式感。

唐李绰《岁时记》中记载:"四月一日,内园进樱桃,寝园荐讫,颁赐百官各有差。"四月一日,皇家园林中的樱桃完成采摘之后,皇宫的芙蓉阙下的樱桃宴就红红火火地开张了。

在大唐这个诗歌国度里,这样盛大隆重的樱桃宴,没有几首诗词来现场助兴,似乎少了些风味。

这首《敕赐百官樱桃》,在一番酸酸甜甜的滋味中顷刻完成。

芙蓉阙下会千官,紫禁朱樱出上兰。
才是寝园春荐后,非关御苑鸟衔残。
归鞍竞带青丝笼,中使频倾赤玉盘。
饱食不须愁内热,大官还有蔗浆寒。

——王维《敕赐百官樱桃》

应景而作,提笔写诗,尤其是作樱桃诗,对于多数人而言,绝对是难为书生。缘于关于樱桃的典故少之又少,不像桃、杏、李那样,有许多流传的经典俯拾即是,随便拈来即成章句。但对于王维来说,丝毫没有"难为"一说。才大自然底气足,他剑眉飞扬,饱蘸浓墨,一首别开蹊径、不落俗套的大作一挥而就。

诗中写,唐玄宗首先带领百官到先帝的陵园参拜祭献,然后将盛放樱桃的青丝笼子放在马鞍上带回,再由宫内使者将樱桃摆放在赤红色玉盘中,分赐给众位大臣。不用担心饱食樱桃会诱发内火,贴心的尚食官心思细密而周到,特地准备了性寒甜凉的甘蔗汁一起搭配饮用,大家只管开开心心地尽情享用美食美味。

在这首昭示君恩深厚的官场诗作中,且不言"青丝笼""赤玉盘"色彩之惊艳,单就尾联而言,以细节取胜,既彰显出宫中行事之周到细致,又映衬出其生活情趣之高妙,使得这首诗成为樱桃诗中的上乘之作。

王维的内弟崔兴宗也以左补阙的身份参加了这次樱桃宴,当场作诗唱和:

> 未央朝谒正逶迤,天上樱桃锡此时。
> 朱实初传九华殿,繁花旧杂万年枝。
> 未胜晏子江南橘,莫比潘家大谷梨。
> 闻道令人好颜色,神农本草自应知。
>
> ——崔兴宗《和王维敕赐百官樱桃》

崔兴宗的和诗格律严整。不过,用"江南橘"和"大谷梨"来对比衬托樱桃的特点,从外形、色泽、口感上来看,似乎差距太大,并且没有写出樱桃自身特点。两首诗对比来读,高下立判。清人评曰:"初读之只觉其稳切耳。观崔君和章,乃叹摩诘真天人矣。结联味外有味。"

重返朝堂的王维与执政者的距离越来越远,继续游走在长安与蓝田之间,保持着亦官亦隐的生活状态。迎来送往成为他从事政务的主要内容。

"黯然销魂者,唯别而已矣!"自古至今,送别都是被一代代文人反复吟唱的不变主题,王维亦不例外。在他现存的四百多首诗歌中,有关送别的内容多达七十余首。

王维的送别诗,没有哀愁悲切,而是音律谐美,温柔敦厚到了极致。譬如这首传唱千古的《送元二使安西》。

渭城朝雨浥轻尘,客舍青青柳色新。
劝君更尽一杯酒,西出阳关无故人。

——王维《送元二使安西》

元常,因在同族兄弟中排行第二,人称"元二",是王维的一个朋友,生平无考,却因朋友这首诗为世人所知。

渭城,即位于渭水北岸的咸阳古城。它是唐朝出关的必经之处,唐人常常在这里为朋友送行。

安西都护府治所在龟兹城(今新疆库车),是大唐的一个军事要地。元二被派遣到安西都护府镇守边塞。临行之际,王维在渭城驿馆为朋友设宴饯行,酒酣耳热,两人在渭水边的杨柳下互道珍重,依依惜别。

渭城的清晨,细雨如丝,道路湿润,青砖绿瓦的客舍亦非常洁净。客舍外青青的杨柳,翠绿的枝条在细雨中显得格外清新。折柳相送,别情依依。诗人说,我的老朋友,请干了这杯酒,西出阳关后,就再难以遇到故交旧友了。此一去,山长水阔,路远迢迢,再聚不知何年。道一声珍重,所有的不舍和祝福,千情万意,热烈肝肠,全部凝聚在这一杯斟满的酒中。

"劝君更尽一杯酒,西出阳关无故人。"取意南朝沈约"勿言一樽酒,明日难重持"一句,被王维演绎得浪漫而豪爽,豪爽中又有依依惜别之情。于淡淡的离愁别绪中,洋溢着缱绻真诚的祝愿。词浅意深,信手拈来,明朗豪爽,与盛唐的激昂、大气一脉相承,从而成为千古绝唱。

《送元二使安西》又名《渭城曲》《阳关曲》,美感有之,深情有之，如沐春风，如听风鸣。唐人送别朋友时，经常歌咏这首诗。喜欢它的后人将这首诗添加了一些长短句，增强了惜别的情调，谱词成曲，以琴歌的形式流传下来，这就是《阳关三叠》的由来。

《阳关三叠》遂成为离席别宴上长盛不衰的饯别名曲，传唱古今。

在待人接物方面，王维始终保持一贯的热诚，于不动声色间释放善意，不事张扬，却恰好温暖。

诗人丘为，小王维一岁，早年数次参加科举，屡试不第，后刻苦攻读，天宝初年才进士及第，累官至太子右庶子，即为太子服务的宫官。据记载，丘为非常孝顺，无微不至地侍奉继母，将俸禄的一半都给予继母养老。丘为八十余岁时辞官回乡，他的继母尚健在。丘为以九十六岁的高龄去世，相传是唐朝享寿最高的一位诗人。

丘为的诗以五言最长，多写田园风物，冲淡平和，工于炼字，为盛唐田园山水诗派人物之一。有"冷艳全欺雪，余香乍入衣""东风何时至？已绿湖上山"等佳句，王安石的"春风又绿江南岸，明月何时照我还"即脱胎于此。

丘为温文尔雅，为人谦恭，与王维气味相投，交谊颇深，常有诗歌唱和。丘为落第返乡之时，王维曾作诗相赠。

怜君不得意，况复柳条春。
为客黄金尽，还家白发新。
五湖三亩宅，万里一归人。
知祢不能荐，羞为献纳臣。

——王维《送丘为落第归江东》

这首《送丘为落第归江东》，抒发了对好友丘为不幸落第的同情，饱含痛惜之情。虽然自己在京师任右拾遗之职，有着向皇上荐举人才的职责，却迫于朝中形势，人微言轻，无力帮助有才有德的朋友实现夙愿。对此，王维深感羞愧。同时又"羞"中寓愤，不平则鸣，表达了诗人对黑暗政治的激愤之情。

一个暮春的季节，丘为及第后被派遣到唐州任职，王维为其饯行。长亭之上，别情依依。王维以《送丘为往唐州》为题，与丘为深情话别。

宛洛有风尘，君行多苦辛。
四愁连汉水，百口寄随人。
槐色阴清昼，杨花惹暮春。
朝端肯相送，天子绣衣臣。

——王维《送丘为往唐州》

丘为亦脚步迟迟，一步一回首，回赠诗句留别王维。

归鞍白云外，缭绕出前山。
今日又明日，自知心不闲。
亲劳簪组送，欲趁莺花还。
一步一回首，迟迟向近关。

——丘为《留别王维》

两首酬答诗，发自肺腑，感人至深。

天宝十四载（公元755年），王维擢升为正五品的给事中。给事中属门下省要职，主要负责侍从规谏、监察官员等职责。可是，朝堂之上，王维真正能插上手的事情却屈指可数。

更多的朋友，因对昏暗的朝政充满失望，选择皈依田园，离开官场是非之地。綦毋潜就是其中一个。

綦毋潜与王维有着多年的友情，情谊深厚。开元九年（公元721年），王维曾以"圣代无隐者，英灵尽来归"的诗句，鼓励落第还乡的綦毋潜积极备考。后来綦毋潜进士及第，先任左拾遗，后擢升为著作郎。如今，年近花甲的他决定辞官归隐，到江淮一带漫游。

秋日的一个傍晚，王维为綦毋潜送行，诗以述怀。

> 明时久不达，弃置与君同。
> 天命无怨色，人生有素风。
> 念君拂衣去，四海将安穷。
> 秋天万里净，日暮澄江空。
> 清夜何悠悠，扣舷明月中。
> 和光鱼鸟际，澹尔蒹葭丛。
> 无庸客昭世，衰鬓日如蓬。
> 顽疏暗人事，僻陋远天聪。
> 微物纵可采，其谁为至公。
> 余亦从此去，归耕为老农。
> ——王维《送綦毋校书弃官还江东》

作为多年的知心好友，王维非常理解好友挂冠而去的无奈心境，也非常羡慕朋友这般的心无挂碍、来去自如。在诗中，王维阐明了自己和朋友一样的不得志，和对现实状况的忧患之情。他希望有一天，自己也能和好友一起做老农，归耕田园。诗中既有对好友高风亮节的赞美，又委婉地表达出其对当前政治的批评和不满，披露了诗人在隐和仕之间两难选择的矛盾心理。

王维见证了盛唐的崛起，也目睹了它的日渐衰落，他期待有一天，自己所敬仰的唐玄宗可以幡然醒悟，和从前一样抖擞精神，顿纲振纪，再现英年雄风。

第二节　屈任伪官

正是对当朝皇帝唐玄宗心存厚望，怀抱幻想，让王维历经大劫，卷入是非，成为他一生走不出的耻辱。

醉生梦死的唐玄宗，大概从来没有想到，被他提拔并委以重任的东平郡王安禄山竟会起兵叛乱。

"渔阳鼙鼓动地来，惊破霓裳羽衣曲。" 天宝十四载（公元755年）冬，兵力雄厚、野心勃勃的安禄山，带着部将史思明，打着奉皇帝旨意讨伐奸臣杨国忠的旗号，从范阳起兵造反，持续八年的安史之乱自此爆发。

"兵来将挡，水来土掩"自古就是颠扑不破的真理。奈何天下承平已久，由李林甫、杨国忠相继掌控的朝政，朝堂腐朽，政治败坏。安禄山叛乱的消息传到长安，朝野上下一片动荡不安。

安禄山率领十五万训练有素的骑兵、步兵，火速行营，只数月工夫，叛军攻城略地，南下攻陷洛阳。次年正月，安禄山在洛阳称帝，国号大燕。

六月初，叛军攻破长安门户潼关，长安危在旦夕。这些年纸醉金迷的安逸享乐，早已让唐玄宗失去了年轻时的骁勇善战、雄心大略。十二日，唐玄宗虽然登临勤政楼，对外宣称要御驾亲征，也只是虚晃一招。次日凌晨，他带着侍卫和几个近臣、杨贵妃及其姐妹、皇子皇孙、公主妃子，以及禁军千余人马，趁着夜色将明未明时，仓皇西逃入蜀。

十四日，禁军在马嵬驿发生兵变，龙武大将军陈玄礼认为杨国忠是造成天下大乱的罪魁祸首，手下将士遂以谋反罪将杨国忠斩杀。为免除后患，又逼迫唐玄宗处死杨贵妃，随后才整顿禁军队伍护送唐玄宗继续西进。

此后不久，太子李亨在灵武（今属宁夏灵武）登基称帝，是为唐肃宗。唐玄宗被迫退位，成为太上皇。

没有皇帝的朝堂就没有了主心骨，没有主心骨的朝堂自然溃若散沙。眼明的、反应迅捷的，赶紧带着家眷向西南、西北方向逃亡。不过大部分人都滞留在长安。

王维从来不是一个政治嗅觉特别敏锐的人，他的儒雅斯文也影响了他的行动力。在朝廷百官人心惶惶忙着四处逃散的时候，他则忙于整理文稿、书籍，安排家眷。等他收拾停当，打算西出长安城时，奈何为时已晚，未出城门就被叛军擒获。随后和没有来得及逃离的文武朝臣、乐工等一起被押解至洛阳。

安禄山是个粗人，文化程度不高，但亦受到大唐文化氛围的熏陶，仰慕大唐的诗歌，仰慕大唐的诗人，仰慕王维这样名扬天下的才子。他曾频繁出入朝堂，见识过王维援笔成章的非凡风采。他想纳王维于麾下，利用王维的影响力来聚拢人才，为他新建的大燕政权摇旗呐喊。

王维始终保持沉默，并用药致使嗓子喑哑，来逃避安禄山的召见。安禄山将其软禁在洛阳城南的菩提寺，强迫他任给事中的伪职。王维私下里吞服巴豆让自己染病痢疾，缠绵病榻，虚弱至极，称病不能上朝。

为了让达奚珣、陈希烈、王维等诸臣全心全意归附大燕，八月二十三日，安禄山在洛阳境内的凝碧池大张宴席，并胁迫所俘的梨园子弟、乐工等一百余人为宴会歌舞助兴。乐师雷海青是大唐宫廷的第一琵琶手，深得唐玄宗器重，曾被任命为掌管宫廷歌舞和梨园戏剧的重要乐官。他虽屈身乐部，却有着刚烈性情，忠肝义胆，威武不屈。

听到安禄山的指令后，雷海青双眼含泪，向西跪地叩拜："吾皇万岁，我等虽为戏子，亦知忠孝廉耻，不能为我朝演奏，也决不为胡人助兴！"他转身站起，对着安禄山破口大骂，并将手中的琵琶对准安禄山的头部掷去。安禄山将头一偏，肩膀被击中，琵琶重重摔在地上，成为碎片。

安禄山恼羞成怒，愤而下令让兵士用刀剜、戳雷海青的嘴唇，割去他的舌头。霎时，雷海青成为一个血人，空气中弥漫着浓重的血腥气息。但雷海青无所畏惧，他怒目圆睁，毫不屈服。

气急败坏的安禄山，喝令刽子手将雷海青拖到戏马殿前，凌迟处死。

目睹雷海青的惨状后，在急促激烈的管弦乐演奏声中，梨园子弟和在座的王维等人黯然垂泪，却敢怒不敢言。

文人生性懦弱，作为文艺人才，王维不具备政治家应有的胆识与强毅果敢，这让他产生深深的负罪之感。宴会结束之后，王维夜不成寐，内心翻江倒海，忧愤难平，一首《凝碧池》刻骨铭心。

万户伤心生野烟，百官何日再朝天？
秋槐叶落空宫里，凝碧池头奏管弦。

——王维《凝碧池》

《凝碧池》首句先声夺人，写出叛军一路烧杀抢掠，全国上下哀鸿遍野、民不聊生的现实状况。百姓流离失所，"存者无消息，死者为尘泥"，原本人口稠密的村庄，沦落为空空长巷，荒村僻野，炊烟亦如野烟，不似正常的人间气象。

"百官何日再朝天"一句，表达了王维对唐朝的怀念和身陷贼营的无奈。"天"即大唐朝廷、大唐天子。在屈任伪官的日子里，王维心心念念的仍是大唐朝堂、大唐皇上，表达了诗人期盼李唐王朝早日击破叛贼，百官早日回归朝廷的强烈心声。

诗人望着宫殿内秋槐叶落的肃杀秋景，内心无比凄苦。第四句以含蓄之笔点出这首诗的主题，并无过多铺叙，沉痛心情却不言而喻。

言为心声。凝碧悲歌，抒发了诗人的亡国之痛和思念朝廷之情，其忧国忧民之心令人动容。

此后，安禄山一纸"诏书"，陈希烈、王维、储光羲随即成为大燕的朝廷命官。因历史上不承认大燕政权的合法性和正统性，因此称为"伪官"。

王维的好友裴迪，因为人微言轻，被裹挟在安史之乱的逃难人群中。听到王维在洛阳做了伪官的消息，异常震惊，于是不顾生命安危来到洛阳，以好友身份求见王维。王维见到裴迪，内心五味杂陈，因为处在被监视的状态，不敢公开倾诉心曲，乘人不备，小声将《凝碧池》口述给裴迪，向老友阐明心迹。于是，就有了这首加长标题的《菩提寺禁，裴迪来相看，说逆贼等凝碧池上作音乐，供奉人等举声便一时泪下，私成口号，诵示裴迪》。

所谓"口号"，指随口吟出，而不是写在纸上。裴迪回去后，将诗带到唐肃宗所在的灵武地区，加了个很长的标题，旨在叙述事由，又隐下亲身参加宴会的情形，突出王维屈做伪官的不甘与无奈。

真正的朋友，无须多言，总能在你最困难最无助之时，毫不犹豫地伸出援手，勇敢地站在你身边，给你关爱给你温暖，成为你的精神支柱、坚强后盾。

这首长标题的"口号"，成为日后为王维雪谤的有力凭证。

王维还另外口号一首五绝给裴迪，再次强调自己渴望早日摆脱樊笼、归隐田园的心声：

安得舍尘网，拂衣辞世喧。

悠然策藜杖，归向桃花源。

——王维《口号又示裴迪》

那是一段暗无天日的时光。

身陷贼营中的王维，正如昔日他诗中息夫人的不易处境："莫以今时宠，能忘旧日恩。看花满眼泪，不共楚王言。"在诗中，王维对息夫人的不幸报以理解和同情。一语成谶，当同样的厄运降临在诗人身上时，诗人亦采取了和息夫人类似的做法。

在邪恶之上建立的政权从来没有牢固的根基，终究会在某一天坍塌成一片齑粉。公元757年正月，安禄山的儿子安庆绪杀死安禄山自立为帝。镇守范阳的史思明不听安庆绪调遣，叛军出现内讧。而唐军方面，唐肃宗以世子李豫为天下兵马大元帅，以郭子仪为天下兵马副元帅。九月，郭子仪率朔方军与回纥、西域军队攻取长安，十月进攻洛阳。安庆绪不敌，败走河北。唐肃宗率领群臣返回长安。

收复洛阳后，王维、郑虔等三百多名陷贼官员被押解回长安，囚禁在宣杨里杨国忠的旧宅，等候发落。

接受伪官，相当于做了叛徒，按大唐律令，一律问斩。

唐肃宗下令欲将为安禄山效力的伪官全部处死，御史大夫李岘进谏说:"同样是犯罪,有首犯有从犯,情节有轻有重,有不得已而为之,有主动献媚投降的,不可一视同仁。况且,河北还没有收复,如果能从轻发落,还在敌营的大臣就还有悔过自新的机会。"

唐肃宗采纳了李岘的建议,将伪官按罪行大小,分六个等级惩处。

被处死的有十八人。如达奚珣,原为河南尹,安史之乱爆发后,曾协助封常清抵御叛军,被俘后投敌,担任大燕丞相一职,按律法被斩于长安城西南的独柳树下。

赐自尽的有七人。如原宰相陈希烈,被俘后为安禄山做侍中。论罪当斩,唐肃宗念及过去唐玄宗宠信他,降罪一等,赐自尽,保全尸。

剩下的官员,有的杖一百,有的被流放,有的被贬官。

独有王维是个例外,生命和尊严都保住了。

力挽狂澜,为王维洗刷耻辱的,正是《凝碧池》。

裴迪回到长安后,将《凝碧池》带给王维的弟弟王缙,此时的王缙,由于协助李光弼驻守太原,为平定安史之乱立下赫赫战功。战乱结束后,他当即被提拔为从三品的国子祭酒,相当于国家最高学府的行政长官,在皇帝身边是颇有些话语权的。

王缙凭借机敏的政治头脑和参政经验,预见到兄长事后要面临的大麻烦,未雨绸缪,让《凝碧池》在当时的文人圈里先"不胫而走",口口相传,有一天终于传到唐肃宗耳朵里。

此时刚刚登上帝位的唐肃宗,正在为怎样聚拢人心而焦心,听到这首诗,精神为之一振。原来这些官员是被迫接受伪职,每天都在盼星星,盼月亮,期盼着早日回归我大唐,其忠心耿耿,日月可鉴。人心所向,众望所归,大唐必胜。唐肃宗在心里顿时原谅了王维。

王缙以此为契机，上疏为兄长讲情，一边向圣上申述兄长在敌营的种种不配合行为，一边诚恳地表示，自己愿意降职，主动放弃大好前程，但求圣上对兄长从宽处理。王缙这份奏章文笔煽情，言辞诚恳，令人动容。唐肃宗又被二人的手足之情感动了，就顺势卖了个人情，将王维和王缙各降一级。王缙被贬出京师，做了蜀州刺史。王维由正五品上的给事中，降为正五品下的太子中允。自此尘埃落定。

　　在接受伪职这件事上，王维虽然性情软弱一些，缺乏杀身成仁的坚韧和勇气，可他与主动降服的人又有本质的区别。因而对于这件事，大多数人表示理解和同情。

　　杜甫当时在朝廷任左拾遗，他特地作诗维护王维，为其辩解。

　　　　中允声名久，如今契阔深。
　　　　共传收庾信，不比得陈琳。
　　　　一病缘明主，三年独此心。
　　　　穷愁应有作，试诵白头吟。
　　　　　　　　——杜甫《奉赠王中允维》

　　庾信是南朝梁人，因奉命出使西魏，被留居北方。他非常思念故土，却始终未能还乡，虽身居显贵，以文坛宗师身份受到皇帝礼遇，却常常为身仕敌国而羞愧怨愤。陈琳是东汉末年文学家，曾为袁绍写讨伐曹操的檄文，后来又投降曹操。

　　杜甫认为王维是庾信，而不是陈琳。"一病"指王维故意得痢疾，他讲王维被迫任伪官三个年头，三年来却始终没有忘记朝廷。尾联用了卓文君作《白头吟》的典故。卓文君与司马相如结婚后，司马相如想纳茂陵女子为妾，卓文君作《白头吟》阐明心迹，表示决绝。而《凝碧池》则反映了王维的强烈心声。

尽管时人表示理解，但这件事毕竟是王维一生的一个污点，也为后世道学家所诟病。宋代理学家朱熹曾开诚布公地批评说："王维以诗名开元间，遭禄山乱，陷贼中不能死。事平，复幸不诛。其人既不足言，词虽清雅，亦萎弱少气骨。"所谓"汗青史上丹心照，功过自有后人评"，大抵如此。

其实，对于自己担任伪职一事，王维常常深陷自责，反省自己"没于逆贼，不能杀身，负国偷生"（《责躬荐弟表》），为之耿耿于怀，在他的书信、作品中，屡见端倪。

他在《与魏居士书》一文中写道："偷禄苟活，诚罪人也。"

王维被赦免后曾在辋川别业闲居一段时间，他的昔日好友，工部侍郎李尊对王维眷顾有加，派人到辋川慰问和看望，王维非常感谢李尊的知遇之恩，写了一封书信做以酬答。

维虽老贱，沉迹无状，岂不知有忠义之士乎？亦常延颈企踵，向风慕义无穷也。然不敢自列于下执事者，以为贱贵有伦，等威有序。以闲人持不急之务，朝夕倚门窥户，抑亦侍郎之所恶也。而猥不见遗，思曹公命吴质，将何以塞知己之望，报厚顾之恩？内省空虚，流汗而已！

——王维《与工部李侍郎书》

在这封书信中，王维措辞谦恭。我王维虽然不算正人君子，没有什么功德，但也知道"忠义"二字。之所以不敢追随在你身边，是因为贵贱有等，身份悬殊。王维在这里特地提到"沉迹无状""忠义之士""向风慕义"，其痛心疾首的情绪一览无遗。

"一生几许伤心事，不向空门何处销。"尽管王维后来在仕途上步步高升，可那段屈辱的历史，始终是他走也走不出的心结，难以获得救赎。

第三节　晚年好静

安史之乱平叛之后，一因作《凝碧池》，大节无亏，二因弟弟王缙不惜自降来保全长兄，另外有崔圆等重臣保赦，王维并没有被当朝为难，他的声望在当时也没有遭受多大影响。

他的好友储光羲就没有这份幸运了，平乱后被贬到岭南，后死于岭南。

最令人可叹的是朝中史官、大唐著名史学家韦述。韦述自幼机敏，开元五年（公元717年）进士及第，嗜学著书，手不释卷。晚年遭逢安史之乱，家里两万藏书、经籍资产皆焚剽殆尽，他抱着《国史》逃进终南山，在山中补遗续阙，继续完成一百一十二卷《国史》的编撰任务。然而终没有逃出安禄山的魔掌，被迫接受伪职。叛乱结束后被流放至渝州，因不堪刺史薛舒的困辱，绝食而卒。

王维虽然身心俱受戕害，但躲过一劫，且不失尊严地回朝复官，不能不说是一份大惊喜。

人生最难得的，不是风光下的锦上添花，而是落难中的雪中送炭。绝处逢生，王维既振奋又感激，他感激唐肃宗恩泽无量，同时也非常感谢在敏感时刻，能站出来为他说话的故交旧友。

恩深义重，无以为报。唐肃宗乾元元年（公元758年）农历二月，王维复官，为正五品下的太子中允。重新回到熟悉的朝堂，王维既感激又感慨，以一首《既蒙宥罪旋复拜官伏感圣恩窃书鄙意兼奉简新除使君等诸公》表达澎湃心声。

> 忽蒙汉诏还冠冕,始觉殷王解网罗。
> 日比皇明犹自暗,天齐圣寿未云多。
> 花迎喜气皆知笑,鸟识欢心亦解歌。
> 闻道百城新佩印,还来双阙共鸣珂。
>
> ——王维《既蒙宥罪旋复拜官伏感圣恩窃书鄙意兼奉简新除使君等诸公》

喜悦之情不言而喻。颂赞诗难免有歌功颂德之嫌,然而王维却将颂赞与抒情完美地交织在诗中,化于无形,带给读者的则是豪畅舒心的艺术美感。

"忽蒙汉诏还冠冕"和《凝碧池》中"百官何日再朝天"相照应,李唐江山,挣脱罗网,得以光复,诗人振奋精神,所以他盛赞皇帝的恩泽比太阳还要耀眼温暖,圣上之福寿与天齐平且久远。在他眼里,鸟语如歌,花香沁人,春色格外喜人。金圣叹赞曰:"便令前此畏罪之深,后此蒙恩之重;前此惊魂一片,后此衔感万重。所有意中意外、如恍如惚、无数情事,不觉尽出。"寓情于景,激情昂扬,读到这首诗后,不能不为诗人焕然一新的精神面貌所感染。

朝堂之上的王维依旧是风光的,仍旧受到唐肃宗的重视和同僚的敬佩,从《和贾至舍人早朝大明宫之作》这首诗中可窥端倪。

一个春日,晨光熹微,百官就手擎银烛,仪表严整地走在长安的官道上,去参加早朝。他们分立在大明宫宣政殿的两侧,准备朝见天子。中书舍人贾至感慨皇恩浩荡,以大明宫早朝为主题,作诗赠中书省和门下省两省同僚,同为庆贺。

> 银烛熏天紫陌长,禁城春色晓苍苍。

> 千条弱柳垂青琐，百啭流莺绕建章。
> 剑珮声随玉墀步，衣冠身惹御炉香。
> 共沐恩波凤池上，朝朝染翰侍君王。
> ——贾至《早朝大明宫呈两省僚友》

贾至是礼部尚书贾曾的儿子，因文章写得好而倍受推崇，有"历历如西汉时文"的美誉。父子二人均以为皇帝起草诏书文件而著称，其父贾曾曾撰写唐玄宗受命的册文，而唐玄宗传位太子李亨的册文，则是出自贾至的手笔。对此，唐玄宗李隆基感慨道："两朝盛典出卿家父子，可谓继美矣。"

有此殊荣，贾至十分得意，在诗中自豪地宣称"朝朝染翰侍君王"。是时，贾至和王维隶属中书省，杜甫和岑参官职小一些，隶属门下省，这就是诗题中"两省僚友"之故。

贾至这首《早朝大明宫呈两省僚友》，文采富丽，韵律工整，受到唐肃宗李亨称许。唐肃宗遂令太子中允王维、左拾遗杜甫、右补阙岑参等即席唱和。

于是，一幕精彩绝伦的诗词盛宴在大明宫内次第上演。

> 绛帻鸡人送晓筹，尚衣方进翠云裘。
> 九天阊阖开宫殿，万国衣冠拜冕旒。
> 日色才临仙掌动，香烟欲傍衮龙浮。
> 朝罢须裁五色诏，佩声归到凤池头。
> ——王维《和贾至舍人早朝大明宫之作》

> 五夜漏声催晓箭，九重春色醉仙桃。
> 旌旗日暖龙蛇动，宫殿风微燕雀高。
> 朝罢香烟携满袖，诗成珠玉在挥毫。

欲知世掌丝纶美,池上于今有凤毛。

——杜甫《奉和贾至舍人早朝大明宫》

鸡鸣紫陌曙光寒,莺啭皇州春色阑。
金阙晓钟开万户,玉阶仙仗拥千官。
花迎剑珮星初落,柳拂旌旗露未干。
独有凤凰池上客,阳春一曲和皆难。

——岑参《奉和中书舍人贾至早朝大明宫》

贾至、王维、杜甫、岑参都是大唐的著名诗人,这一幕实属难得,遂成为唐诗中唱和诗的典范之作。

王维的宫廷应制诗驾轻就熟;杜甫长于七律,"为人性僻耽佳句,语不惊人死不休";岑参是唐朝边塞诗人的代表人物之一,与高适并称"高岑",实力不容小觑。

四首同题诗,彰显着诗人的性情,果然诗如其人。

杜甫的和诗诗成珠玉,格律严谨。岑参的和诗押韵奇险,属对精工。而王维的和诗气象阔大,音律雄浑,华丽典雅,可见其在清微淡远之外的风格多样性。

贾至以"染翰侍君王"为荣,王维则以帝王之尊来做响应,渲染一种皇家宫殿特有的雍容华贵之氛围。通过早朝前、早朝中、早朝后三个场景,表现出早朝场面的宏伟庄严和帝王的尊贵、威严。

"九天阊阖开宫殿,万国衣冠拜冕旒",给人一种极强的既视感。层层叠叠的宫殿大门,犹如九重天门次第而开,万邦来朝,衣着华丽的使节迤逦而来,山呼万岁齐齐叩拜高高在上的天子,何等威武,何等壮观。"万国衣冠拜冕旒"一句,彰显着大唐的鼎盛气象和帝国的威仪。

复官的王维依旧荣耀加身，然而，愈是富贵显荣，骨血之中"食君之禄，死君之难"的儒家节义观，愈是让他捧戴惶惧，自愧于心。

臣维稽首言：伏奉某月日制，除臣太子中允。诏出宸衷，恩过望表，捧戴惶惧，不知所裁。臣闻食君之禄，死君之难，当逆胡干纪，上皇出宫，臣进不得从行，退不能自杀，情虽可察，罪不容诛。伏惟光天文武大圣孝感皇帝陛下，孝德动天，圣功冠古。复宗社于坠地，救涂炭于横流。少康不及君亲，光武出于支庶。今上皇返正，陛下御乾，历数前王，曾无比德。万灵抃跃，六合欢康。仍开祝网之恩，免臣衅鼓之戮。投书削罪，端衽立朝。秽污残骸，死灭余气。伏谒明主，岂不自愧于心？仰厕群臣，亦复何施其面？跼天内省，无地自容。且政化之源，刑赏为急，陷身凶房，尚沐官荣。陈力兴王，将何宠异？况臣夙有诚愿，伏愿陛下中兴，逆贼殄灭，臣即出家修道，极其精勤，庶裨万一。顷者身方待罪，国未书刑，若慕龙象之俦，是避魑魅之地，所以钳口，不敢萌心。今圣泽含弘，天波昭洗。朝容罪人食禄，必招屈法之嫌。臣得奉佛报恩，自宽不死之痛。谨诣银台门，冒死陈请以闻。无任惶恐战越之至。

——王维《谢除太子中允表》

在这篇《谢除太子中允表》中，王维对自己"进不得从行，退不能自杀"的行为深深苛责，沉痛地忏悔自己的过失，祈求唐肃宗让他奉佛报恩，以佛事来为天子祈福。唐肃宗没有同意王维离职的请求，反而念其忠心耿耿，更加信任他。不久，王维升迁集贤殿学士。

仕途通达的王维赤胆忠心，希望大唐重启盛世，愿倾力协助唐肃宗中兴大业，但由于叛乱中身体受损，行动上已力不从心，人到晚年的他，弃绝凡尘，不为物累，思想更加澄明如镜。这首《酬张少府》正是他晚年心态的真实写照。

> 晚年惟好静，万事不关心。
> 自顾无长策，空知返旧林。
> 松风吹解带，山月照弹琴。
> 君问穷通理，渔歌入浦深。
>
> ——王维《酬张少府》

诗中的张少府，有人认为是张九龄，似乎不妥。张九龄病逝曲江之时，王维不到四十岁。所以，张少府另有其人。在唐朝，少府是县令手下的副职，官职卑微。应该是张少府慕名而来，向王维请教有关穷通的道理，王维信笔酬答。

诗人说，人到晚年的他特别喜欢一个人安静地待着，所有事都不愿再放在心上。诚然，想得太多又有何用，不过徒增烦忧罢了。唯愿在松林清风中解带敞怀，在山间明月下弹琴长啸，自顾自地游荡在自己喜欢的山林，自由自在，怡然自乐，不失为一种长策。何必纠结所谓的穷通之理，殊不知畅则通，通则畅，莫不如哼着渔歌小调，撑着轻盈的小舟，飞快地划向水泊的更深处。

心静了，眼中一切便皆闲散安适，自如自在，恰如风中朵朵左掖梨花，随意东西。

"左掖梨花"是指生长在门下省门前的梨花，此处的梨花白衣胜雪，吸引诗人驻足赏玩。

> 闲洒阶边草，轻随箔外风。

黄莺弄不足,衔入未央宫。

——王维《左掖梨花》

同是这片"左掖梨花",在王维的朋友丘为眼中,又是另一番光景,表意另一份心事。

冷艳全欺雪,余香乍入衣。
春风且莫定,吹向玉阶飞。

——丘为《左掖梨花》

丘为希望春风莫要停下脚步,一直将梨花吹到大明宫的玉阶上,吹到宫中,能够得到帝王的顾盼。诗人借梨花表情达意,希望自己能像冷艳芳香的梨花一样,借助春风,抵达皇权中心,得到帝王赏识,来发挥自己的才华,实现远大的抱负。

可惜,世间种种,再磨折,再纠结,亦多枉然。不如看看眼前的花,空中的月,听听窗外的鸟啼声,吹吹山间的风,瞬间就释怀了。譬如这首耳熟能详的《鸟鸣涧》。

人闲桂花落,夜静春山空。
月出惊山鸟,时鸣春涧中。

——王维《鸟鸣涧》

诗人静静地坐在深山里,闲适而安静,安静得似乎连桂花落地的声音都能听见。皎皎明月升起,月华如瀑洒向大地。不想,惊动了山中栖息的鸟儿,一声清脆的啼叫,打破了空山的寂静。

其中,"春山空"之"空"字耐人咀嚼,不只是深山的空,还是灵魂的空。挣脱所有羁绊,心空了,才得以放松,在暗淡的夜色中，掬一瓣心香，自然中的物事，通透而敞亮，愈见真切。

人闲花落，春山空静。月出惊鸟，鸟鸣惊涧。鸟鸣于枝，声响于涧。一派生机盎然，生发出一组流动的意象，诱发人的各种感官，亦静亦动，亦虚亦实，于静谧中彰显出生命的律动和心灵的真趣，别有洞天。

另有一首《书事》，宛然仙家手笔。

> 轻阴阁小雨，深院昼慵开。
> 坐看苍苔色，欲上人衣来。
>   ——王维《书事》

在世人眼中，劫后余生的王维，身居要职，风光无限。然而，他们不知王维在意的不是名气、地位，而是内心的平静。

晚年的王维，抛开芜杂，让自己完全沉浸在山水自然之境，纵世道污泥浊水，他的精神世界却一片祥和，宁静淡然，充满禅机佛意。

第四节 前身画师

常言道，术业有专攻，拥有一技之长，已然惊人。王维"文章冠世，画绝古今"，且精通音律，在当世人眼中，一直是"高人"的存在，"诗圣"杜甫就有"高人王右丞"的赞美之词。

关于他这个"高人"，几则神乎其神的传奇故事盛传至今。

《唐才子传》记载，有人得到南唐画家周文矩的《按乐图》，突发奇想，想知道图上乐师正在演奏的是一首什么曲子，逢人便问，无果。有人就向王维请教，王维看了看说："此《霓裳》第三叠最初拍也。"那人将信将疑，有好事者召集乐工来演奏，果真如此。

元代伊世珍的《琅嬛记》中记载，王维曾为岐王画一方大石，妙手天成，超拔而有气势。站在画前观看，但见孤峰突起，仿佛身临其境，岐王特别喜欢。谁料，某一日，狂风大作，画上的大石突然飞出屋宇，不知所终，墙壁上，徒然只剩下一幅空空的画轴，岐王怅惘很久。数十年后，唐宪宗继位。高丽国送来一块奇石，使臣称很多年前一次暴风骤雨中，神嵩山上不知从哪里飞来这块大石，石的下方刻着王维的印章，高丽王不敢私自留下，特地将大石送还大唐。唐宪宗命令手下拿出王维的印章来比较，果然分毫不差。这就是成语"画石飞去"的出处。

这些故事虽只是坊间传说，无史料可考，不足为信，但有风才起三尺浪，王维音乐、绘画造诣深厚，被时人所公认，才得以衍生出此风此影。

关于王维的绘画成就，《新唐书》和《旧唐书》均有记载。

维尤长五言诗。书画特臻其妙，笔踪措思，参于造化，而创意经图，即有所缺，如山水平远，云峰石色，绝迹天机，非绘者之所及也。

——《旧唐书》

维工草隶，善画，名盛于开元、天宝间，豪英贵人虚左以迎，宁、薛诸王待若师友。画思入神，至山水平远，云势石色，绘工以为天机所到,学者不及也。

——《新唐书》

他的画技不只被当世认可,连王维自己,也对自己的绘画水平也颇为自得和自信。

> 老来懒赋诗,惟有老相随。
> 宿世谬词客,前身应画师。
> 不能舍余习,偶被世人知。
> 名字本皆是,此心还不知。
> ——王维《偶然作六首·其六》

在这首《偶然作六首·其六》中,他说自己现在日渐衰老,没有了赋诗的灵感和热情,懒得再提笔。他觉得前生的自己应是画师出身,偶然误入"歧途",写着写着成为习惯,渐渐被世人知晓,就成了一名诗人。

作为画家,他另辟蹊径,创设"破墨山水"的技法,被尊为山水画的"南宗鼻祖",并开启了文人画传统。他不仅画技高超,在理论研究方面也具有高屋建瓴的能力。

他留下一部对后世文人影响深远的《山水论》,开篇便先声夺人:

> 凡画山水,意在笔先。丈山尺树,寸马分人。远人无目,远树无枝。远山无石,隐隐如眉;远水无波,高与云齐。此是诀也。
> ——王维《山水论》(节选)

其言简意明地阐述了山水画的创作技巧和审美理念,见解独到,入木三分。"凡画山水,意在笔先",此观点标新立异,对后世影响极为深远。

春景则雾锁烟笼，长烟引素，水如蓝染，山色渐青。夏景则古木蔽天，绿水无波，穿云瀑布，近水幽亭。秋景则天如水色，簇簇幽林，雁鸿秋水，芦鸟沙汀。冬景则借地为雪，樵者负薪，渔舟倚岸，水浅沙平。凡画山水，须按四时。或曰烟笼雾锁，或曰楚岫云归，或曰秋天晓霁，或曰古冢断碑，或曰洞庭春色，或曰路荒人迷。如此之类，谓之画题。

——王维《山水论》（节选）

夫画道之中，水墨最为上。肇自然之性，成造化之功。或咫尺之图，写千里之景。东西南北，宛尔目前；春夏秋冬，生于笔下。

…………

手亲笔砚之馀，有时游戏三昧。岁月遥永，颇探幽微。妙悟者不在多言，善学者还从规矩。

——王维《山水诀》（节选）

王维凭借一支健笔，通过排比、对仗、比喻等表现手法，道出山水画中自然之美和意境之美的布局之妙，见解独到。如此文采斐然、引人入胜的小品文，也足见王维文章之功力。

做一事精一事，绝不一知半解，敷衍了事。即便在绘画方面天分极高，王维也毫不自负，依旧虚心地学习和请教。他曾跟着"国朝山水第一"的李思训学习青绿山水与金碧山水的技法，又精心临摹"画圣"吴道子的画作，然后精心研习，集二人之技法，形成自己的风格。

王维将理论付诸实践，打破以往青绿着色和线条勾勒的束缚，率先采用"破墨"新技法，以水墨的浓淡来渲染山水，打造了山水画的笔墨新意境，初步奠定了中国水墨山水画的基础。

他的画和他的诗一样，笔法随性舒展，画境秀润纯净，笔调闲淡含蓄、空静平和，从中传递出典雅唯美的诗意禅境，自然入妙，净化身心。

或许有着相似的追求，苏轼对王维的画评价很高。宋仁宗嘉祐六年（公元1061年），二十六岁的苏轼在凤翔府做判官时，某一日到凤翔的普门寺与开元寺游玩，看到寺内墙壁上王维与吴道子的佛教画，心有感触，诗以记之。

何处访吴画？普门与开元。

开元有东塔，摩诘留手痕。

吾观画品中，莫如二子尊。

道子实雄放，浩如海波翻。

当其下手风雨快，笔所未到气已吞。

亭亭双林间，彩晕扶桑暾。

中有至人谈寂灭，悟者悲涕迷者手自扪。

蛮君鬼伯千万万，相排竞进头如鼋。

摩诘本诗老，佩芷袭芳荪。

今观此壁画，亦若其诗清且敦。

祇园弟子尽鹤骨，心如死灰不复温。

门前两丛竹，雪节贯霜根。

交柯乱叶动无数，一一皆可寻其源。

吴生虽妙绝，犹以画工论。

摩诘得之以象外，有如仙翮谢笼樊。

吾观二子皆神俊，又于维也敛衽无间言。

——苏轼《王维吴道子画》

苏轼认为王维的画可以和"穷丹青之妙"的吴道子比肩。在他眼里,吴道子的画雄奇奔放,浩浩荡荡如同海浪翻滚,下笔如有神助,灵感恰似疾风骤雨,笔未到,气势已先声夺人,绘画水平卓然超群。

而王维的可敬与可爱在于,他的诗风如香草一般秀美芬芳,笔下的佛像以及壁画,亦和他的诗一样清秀淳朴,物象蕴含的内在神韵,恰如仙鸟挣脱樊笼羁绊,超然于形迹以外。

在诗的最后,苏轼加以总结,两位大师的画作皆气势壮阔、飞扬,受到世人尊崇,而对于王维,一句有异议的话都讲不出口。

性情豪爽的苏轼,针砭时弊、评论古今从来口无遮拦、毫不留情。对于王维的画,如此倾心推崇实属难得。由此可见,王维的绘画水平不容小觑,"文人画"鼻祖实至名归。

王维既擅长佛教人物画,也擅长写生的肖像画。他曾给内弟崔兴宗画过写真,可惜这幅画没有保存下来,只能在《崔兴宗写真咏》这首诗中略窥一斑。

画君年少时,如今君已老。
今时新识人,知君旧时好。

——王维《崔兴宗写真咏》

成就最高、影响力最大的,则是他的山水画。《辋川图》是山水画中的珍品。

尺幅之上,山谷郁盘,林木苍郁。有清风明月,白石灵泉,古木垂柳,空山青苔,亭台楼阁,飞鸟夕岚,间有舟楫往还,曲尽精微。竹里馆、木兰柴、茱萸沜、鹿柴等二十处美景全部被收纳其中,且配以五言绝句,诗画交映,妙不可尽之于言。

《辋川图》的美学价值极高,古时人们认为,观赏其画,不仅愉悦身心，还可以使人的疾病得到治愈。

相传，苏轼的学生秦观，某一年夏天不幸感染胃肠道疾病，卧床很久，吃了很多药都无济于事。友人高符仲来看望他，为他带来王维的《辋川图》摹本，让他每天放在床头观看，说看画比吃药管用，保证让他"画到病除"。

于是，秦观就收起药罐子，每天全神贯注于画作之中。没想到果真如友所言，美景宜人，佳境养心。专注看画的他，如临其境，和王维、裴迪一起身在辋川游赏。就这样，游游走走，从华子冈到木兰柴，从金屑泉到竹里馆，辋川二十个景致畅游数遍后，顿觉肺腑若洗，不久肠疾痊愈，神清气爽起来。

病愈后的秦观感慨其"神遇"，特意为这幅《辋川图》摹本作跋：

余曩卧病汝南，友人高符仲携摩诘《辋川图》过直中相示，言能愈疾，遂命童持于枕旁。阅之，恍入华子冈、泊文杏、竹里馆，与裴迪诸人相酬唱，忘此身之匏系也。因念摩诘画，意在尘外，景在笔端，足以娱性情而悦耳目。前身画师之语非谬已。今何幸复睹是图，仿佛西域雪山移置眼界。当此盛夏，对之凛凛如立风雪中，觉惠连所赋犹未尽山林景耳。吁！一笔墨间，向得之而愈病，今得之而清暑，盖观者宜以神遇，而不徒目视也。五月二十日高邮秦观记。

有跋为证，"娱性情而悦耳目"，"画"到病除，功效甚佳，可见王维"前身画师"并非妄语。

自此，王维笔下诗中有画、画中有诗的辋川，遂成为历代文人理想中的世外桃源，成为无数士子失意后的精神栖息之所。

王维喜欢画雪景，《江干雪霁图》就是以雪为背景的山水画作品，图中峰峦叠嶂，错落有致的峰石上覆盖着厚厚的积雪。蜿蜒的山道尽头是一座静穆的寺院，加之古朴的村落，银装素裹的松柏和枯树，更显得超尘脱俗。另有《雪江诗意图》《雪景饯别图》等。

元代汤垕在《画鉴》中给予王维很高的评价："王右丞维工人物山水，笔意清润，画罗汉佛像至佳。平生喜作雪景、剑阁、栈道、骡纲、晓行、捕鱼、雪渡、村墟等图。其画《辋川图》世之最著者也，盖其胸次潇洒，意之所至，落笔便与庸史不同。"

《雪中芭蕉图》是后人争议非常大的一幅画作。白雪皑皑中画着一株翠绿芭蕉。雪乃北方凝寒之时才有，芭蕉则是南方的植物。芭蕉何以能在寒冷的雪地翠绿不死？这就是历代画论中争议的重心。匠心独运，宋人沈括在《梦溪笔谈》中对这幅《雪中芭蕉图》做出了独到的诠释：

书画之妙，当以神会，难可以形器求也。世之观画者，多能指摘其间形象、位置、彩色瑕疵而已，至于奥理冥造者，罕见其人。如彦远《画评》言："王维画物，多不问四时，如画花，往往以桃、杏、芙蓉、莲花同画一景。"予家所藏摩诘画《袁安卧雪图》，有雪中芭蕉，此乃得心应手，意到便成，故造理入神，迥得天意，此难可与俗人论也。

沈括说，雪中芭蕉意在笔先，天机独到，可与知者道，难与俗人言也。

喜欢的人，无论怎样都喜欢，毫无异议。宋朝的朱翌在《猗觉寮杂记》中就非常中肯地为自己的崇拜者打抱不平了一回："岭外如曲江，冬大雪，芭蕉自若，红蕉方开。乃知前辈虽画史，亦不苟如此，事不目睹，不可悬断其有无也。" 诚然，不管雪中有无芭蕉，都不影响人们观赏画作的心情。可以认为是眼见为实，这幅作品属于写景之作；也可以认为是有所寄托的寓意之作，所谓"精于绘事者，不以手画，而以心画"，这大概也是苏轼心目中的冲破樊笼之举。

第五节 忍别青山

暮年的王维，弃绝凡尘，不为物累，活得更加通透、清醒。

得益于自身深厚的艺术修养，王维的身上，始终有一种贵族气质、清贵气息。因了这种清贵气息，他的文笔风雅，给人一种亲切感和芬芳感。读他的诗文，令人心生柔软。

他的诗歌，后期自然而然地融入佛学理念，诗境愈加澄淡自如。

比较而言，诗人贾岛同样受到禅宗思想影响，但贾岛诗作幽奇寒僻，缺少盛唐的雍容与高华之气。所以王维被后世尊为"诗佛"，贾岛则被称为"诗奴"。

自陶渊明、谢灵运始，山水田园成为诗歌创作的重要内容和题材，王维得陶渊明的自然之妙，取谢灵运的精工，再加上绘画、音乐、禅学理念的加持，创作出"诗中有画""画中有诗""诗中有禅"的优秀诗篇，成为唐朝山水田园诗代表人物之一。

但王维的田园诗与陶渊明的风格有所不同。陶渊明以劳动者的身份来歌吟田园，有"采菊东篱下，悠然见南山"的自在悠然，更有"晨兴理荒秽，带月荷锄归"的劳作之辛。有田园风光之秀，也有草盛苗稀之憾；而王维则是置身于劳动之外书写田园，在他的笔下，生动再现了一种人与社会、人与自然的和谐，劳动是充满诗意的，田园是如诗如画的。所以，陈师道评论说："右丞、苏州，皆学于陶，王得其自在。""苏州"即韦应物，唐朝大历时期山水田园诗派诗人。

儒家的仁爱思想，让王维自幼怀抱"动为苍生谋"的远大志向走向仕途，年轻时的他不赞成全身而退，他有自己的处世哲学，在《与魏居士书》中曾劝说朋友："苟身心相离，理事俱如，则何往而不适？"意思是如果身心分离，让身体役于物，心灵超脱于物，即使身在廊庙，也可以做到心在林泉，无往而不适。

在《偶然作六首·其四》中，王维直抒胸臆。

> 陶潜任天真，其性颇耽酒。
> 自从弃官来，家贫不能有。
> 九月九日时，菊花空满手。
> 中心窃自思，傥有人送否。
> 白衣携壶觞，果来遗老叟。
> 且喜得斟酌，安问升与斗。
> 奋衣野田中，今日嗟无负。
> 兀傲迷东西，蓑笠不能守。
> 倾倒强行行，酣歌归五柳。
> 生事不曾问，肯愧家中妇。
>
> ——王维《偶然作六首·其四》

在诗中，王维夸张地描述了陶渊明"性颇耽酒"，有酒则狂的心性，以调侃的笔法戏说陶渊明生计无着的窘况。在王维的眼中，陶渊明弃官而去的行为是不理性的。陶渊明一生人品高洁无染，但他不善生计，做农活亦不得法，靠乞食赊饮，使一家人陷于饥寒之中,终究愧对妻儿。

年轻的王维认为,衣食无忧是最基本的生活保障。饥寒交迫之中,谈何修身养性?

后来,历经世事沧桑,人到暮年的王维改变了自己的看法。

> 少年识事浅,强学干名利。
> 徒闻跃马年,苦无出人智。
> 即事岂徒言,累官非不试。
> 既寡遂性欢,恐招负时累。
> 清冬见远山,积雪凝苍翠。
> 浩然出东林,发我遗世意。
> 惠连素清赏,夙语尘外事。
> 欲缓携手期,流年一何驶。
>
> ——王维《赠从弟司库员外絿》

在《赠从弟司库员外絿》这首诗中,王维借劝诫之词,表达了对仕途的厌倦,流露出辞官归隐之意。他说自己当年年少气盛,不谙世事,勤奋苦学只为求取功名利禄。人至暮年,回首来时路,却是那样的身心俱疲、苦不堪言。

在开门见山的倾诉背后,仕途跋涉的艰辛与烦恼,面对世俗纷繁的厌倦与无奈,在现实与理想间进退维谷、矛盾交织的内心挣扎,力透纸背,暴露得底朝天。一个郁闷茫然,为人生追求徘徊苦闷的仕者形象跃然纸上。

诚然,实现"遗世意",终究不易。

上元元年(公元760年),王维又被唐肃宗升职了,迁正四品下的尚书右丞。尚书右丞是王维一生中最高的官职,所以后人尊称王维"王右丞"。

收复两京后，唐肃宗决心顿纲振纪，但是干戈将息，家国不安的大唐，再也不是开元盛世时期的大唐。晚年的王维，虽渴望唐肃宗中兴，但病老体孱，已没有精力在政治上有所建树。然而他没有置身事外，满足一己私欲，贪图安乐，颐养天年，依旧心系苍生，以国事民生为重。

他头脑清醒地分析当前社会现状，决定完成三大愿望。

第一个愿望是施职田于粥所。

王维素有为国分忧、关心民生疾苦的悯民善心，他亲眼所见安史之乱给国家带来的巨大苦难，生灵涂炭，民不聊生，"冻馁之人，朝尚呻吟，暮填沟壑"，每天都有不幸在上演，倍感心痛，于是向唐肃宗上表，请求皇帝恩准，把他前任给事中的职田，交给施粥之所，每天煮粥施舍，来救济长安的穷苦灾民。

右。臣比见道路之上，冻馁之人，朝尚呻吟，暮填沟壑。陛下圣慈怜愍，煮公粥施之，顷年以来，多有全济，至仁之德，感动上天，故使年谷颇登，逆贼皆灭，报施之应，福祐昭然。臣前任中书舍人、给事中，两任职田，并合交纳，近奉恩敕，不许并请。望将一司职田，回与施粥之所。于国家不减数粒，在穷窭或得再生，庶以上福圣躬，永弘宝祚，仍望令刘晏分付所由讫，具数奏闻。如圣恩允许，请降墨敕。

——王维《请回前任司职田粟施贫人粥状》

从表中可以看出，王维念兹在兹，先前打算将"前任中书舍人、给事中，两任职田，并合交纳"，奈何皇帝不许。他又坚持，上疏"望将一司职田，回与施粥之所。于国家不减数粒，在穷窭或得再生"，可见他绝不是为了向皇帝示好，博取好感，而是足够赤诚，表里如一，打动人心。

按照唐朝禄制,文武职事各有职田,在京城附近百里地划拨,一品官十二顷,二品官十顷,三品官九顷,四品官七顷,五品官六顷,六品官四顷等。中书舍人、给事中二职均为五品上,无疑,王维此举属于无私捐献,其忧国忧民之心日月可鉴。唐肃宗为其诚心仁义所打动,同意了他的请献。

第二个愿望是施庄为寺。

王维上表恳恳请唐肃宗恩准,将自己花毕生心血营建的辋川别业捐献出来,设为佛寺。一则佑护大唐王朝海晏河清,国泰民安;二则为唐肃宗成就中兴霸业祈福助力;三则实现"效微尘于天地,固先国而后家"的愿望;四则达成自己"上报圣恩,下酬慈爱"的追求。肺腑之言,感天动地。

> 臣维稽首:臣闻罔极之恩,岂有能报?终天不返,何堪永思。然要欲强有所为,自宽其痛,释教有崇树功德,宏济幽冥。臣亡母故博陵县君崔氏,师事大照禅师三十余岁。褐衣蔬食,持戒安禅,乐住山林,志求寂静。臣遂于蓝田县营山居一所,草堂精舍,竹林果园,并是亡亲宴坐之余,经行之所。臣往丁凶衅,当即发心,愿为伽蓝,永劫追福,比虽未敢陈请,终日常积恳诚。又属元圣中兴,群生受福。臣至庸朽,得备周行,无以谢生,将何答施?愿献如天之寿,长为率土之君,惟佛之力可凭,施寺之心转切。效微尘于天地,固先国而后家。敢以乌鼠私情,冒触天听,伏乞施此庄为一小寺。兼望抽诸寺名行僧七人,精勤禅诵,斋戒住持,上报圣恩,下酬慈爱,无任恳款之至。
>
> ——王维《请施庄为寺表》

在王维的一再坚持下,唐肃宗同样恩准了王维的善举。

乾元二年(公元759年)秋末,担任蜀州刺史的王缙回京面圣,顺便到辋川帮着兄长搬家。兄弟二人收拾简单的行囊,一起离开辋川。

这处绿水青山,承载了他几多欢乐,几许愁思。临行之际,车马迟迟,惆怅满怀,王维以一首《别辋川别业》,依依不舍地和辋川作别。

依迟动车马,惆怅出松萝。
忍别青山去,其如绿水何。

——王维《别辋川别业》

弟弟王缙很理解兄长的心情,同题相和。

山月晓仍在,林风凉不绝。
殷勤如有情,惆怅令人别。

——王缙《别辋川别业》

离开辋川后,王缙拜别兄长,返回蜀州,王维则搬到京师一处偏僻的房舍居住。

房舍内清净整洁,只是陈设简陋,除了茶铛(煮茶器皿)、药臼、一张经案、一挂绳床,没有一件奢华的用品,过着"居常蔬食,不茹荤血,晚年长斋,不衣文采"的佛徒生活,他常在室内焚香独坐,以诵读和抄写经书为事,为朝廷、为百姓礼佛祈福,日子静而寂。

至此,他也深深理解了陶渊明"白衣携壶觞,果来遗老叟。且喜得斟酌,安问升与斗"的心态和处境。

他明白,一个人只有知道自己为何而活,内心才能清净安宁且坦然地接受任何一种生活。

好友裴迪要到蜀州做官去了，特地赶到京师向王维辞行。

王维以茶代酒，和裴迪依依话别。相对而坐的两个人，有着披肝沥胆的情谊。他们互道珍重，互为嘱托，聊着聊着，杯中茶生成心中苦，千言万语竟不知从何说起。

罢了罢了，不如还和从前一样，裴迪研墨，王维捉笔赋诗。

宿昔朱颜成暮齿，须臾白发变垂髫。
一生几许伤心事，不向空门何处销。

——王维《叹白发》

结交几十年的两个知心人，已不复当年的意气风发，如今须发斑白，却不能相伴在一起。此一别，山高路远，不知何时再得相见。

离人的心绪，恰如此刻的佛堂，空寂、清冷，让人不由得联想到佛教的"寂灭"，或许，只有遁入空门，方可解脱人生凄苦。

诗中，叹白发，叹离情，这份叹，为知己，为自己，更为家国。

虽然国事萦怀，奈何力不从心。王维清醒地认识到，振兴大业需要贤臣良将的加持，于是想到了弟弟王缙。王缙曾协助李光弼镇守太原，他颇有政治头脑，胸有谋略，处事有度量有魄力，在辅佐君王方面，是个得力的人选。

为公为私，他都希望王缙早日还京。

于是就萌生了第三个愿望，责躬荐弟，以利国计。

太原王家兄友弟恭，当年，弟弟王缙曾自愿降职为兄长免罪。如今，王维上疏朝廷，请求圣上免去自己现在的官职，换取弟弟王缙回京，来辅佐皇上成就中兴大业。

臣维稽首言：臣年老力衰，心昏眼暗，自料涯分，其能几何？久窃天官，每惭尸素。顷又没于逆贼，不能杀身，负国偷生，以至今日。陛下矜其愚弱，托病被囚，不赐疵瑕，累迁省阁，昭洗罪累，免负恶名，在于微臣，百生万足。昔在贼地，泣血自思：一日得见圣朝，即愿出家修道。及奉明主，伏恋仁恩，贪冒官荣，荏苒岁月，不知止足。尚忝簪裾，始愿屡违，私心自咎。臣又闻用不才之士，才臣不来；赏无功之人，功臣不劝；有国大体，为政本源。非敢议论他人，窃以兄弟自比：臣弟蜀州刺史缙，太原五年，抚养百姓，尽心为国，竭力守城。臣即陷在贼中，苟且延命。臣忠不如弟，一也。缙前后历任，所在著声。臣忝职甚多，曾无裨益。臣政不如弟，二也。臣顷负累，系在三司，缙上表祈哀，请代臣罪。臣之于缙，一无忧怜。臣义不如弟，三也。缙之判策，屡登甲科，众推才名，素在臣上。臣小言浅学，不足谓文。臣才不如弟，四也。缙言不忤物，行不上人，植性谦和，执心平直。臣无度量，实自空疏。臣德不如弟，五也。臣之五短，弟之五长，加以有功，又能为政。顾臣谬官华省，而弟远守方州。外愧妨贤，内惭比义。痛心疾首，以日为年。臣又逼近悬车，朝暮入地。阒然孤独，迥无子孙。弟之与臣，更相为命。两人又俱白首，一别恐隔黄泉。倘得同居，相视而没。泯灭之际，魂魄有依。伏乞尽削臣官，放归田里。赐弟散职，令在朝廷。臣当苦行斋心，弟自竭诚尽节，并愿肝脑涂地，陨越为期。葵藿之心，庶知向日。犬马之意，何足动天。不胜私情恳迫之至。

——王维《责躬荐弟表》

在此表中，王维首先陈述了自己因年老力衰，不能为国效力、为民做事、为皇帝分忧解难的歉疚之心，不无沉痛地陈述自己"陷在贼中，苟且延命"的忏悔补过之情。屈任伪官，是把名节清誉作为人生大事的王维穷尽一生都走不出的心结。

"臣又闻用不才之士，才臣不来；赏无功之人，功臣不劝；有国大体，为政本源……"

他说，如果执政者任用没有才能的人，有才能的臣子便不会再来；如果奖赏没有功劳的人，有功之臣便不会继续努力。这样下去，工作是无论如何都做不好的。

接着，他以选贤任能是为政本源来展开话题，用对比的方法，层层深入，详细论述弟弟王缙在忠、政、义、才、德五个方面的长处，而这五项长处正是自己的短处。再次说明弟弟王缙之前为国做出的贡献，并且今后还可以为朝廷的中兴再次做出一番业绩。

随后，王维写他们兄弟两个已近悬车之年（七十岁），两人都膝下无子，其他兄弟也不在身边。他和弟弟王缙能厮守在一处的日子已经不多，希望能够同在京师相依为命，携手晚年共度春秋。为此，王维情愿解官归田，举荐弟弟王缙归朝做官。

唐肃宗被王维和王缙的棠棣之情所打动，不久，便调遣王缙由蜀州转任离京三百多里的凤翔，后转入京师为官。

遗憾的是，兄弟俩终究未能见上最后一面。

上元二年（公元761年）七月的一天，王维预感自己大限将至，便给弟弟王缙写下一封遗书作别，又写了数封书信，嘱咐下人送与其他亲朋故友，劝导他们向佛为善，各自珍重。随后，他停下笔，安然逝去，享年六十一岁。

王缙转入京师后，历经数年，搜集兄长散佚在民间或者朋友处的诗文，加以系统地整理和汇编。

唐代宗喜欢诗文，对王维尤为推崇，赞誉他为"天下文宗"。他继位后，某一日突然兴起，向宰相王缙探寻其兄长的诗作。

王缙遂将自己收集整理的王维诗集敬献给唐代宗。

唐代宗如获至宝,并令翰林院在此基础上,在全国范围内进一步展开搜集、整理、编纂的工作,于是,《王右丞集》十卷得以完善和保存下来,四百多篇优秀诗文得以泽被后世。

王维去世之后,王缙按照兄长的遗愿,将他葬于辋川别业清源寺西侧母亲的墓旁。

"明月松间照,清泉石上流。"一代"诗佛",在辋川的青山绿水间长眠安息。

多年以后,暮年飘零的杜甫,写下《解闷十二首·其八》这首诗,追忆王维及其故居,并幸其弟弟王缙使其风流未绝。

不见高人王右丞,蓝田丘壑漫寒藤。
最传秀句寰区满,未绝风流相国能。

——杜甫《解闷十二首·其八》

诚然如斯,王维去了,但他留下的山水田园梦,滋养身心,温润性灵,如青青芳草,生生不息。

© 民主与建设出版社，2025

图书在版编目（CIP）数据

王维传：青少插图版/夏葳著.---北京：民主与建设出版社，2025.1. -ISBN 978-7-5139-4783-1

Ⅰ.K825.6

中国国家版本馆CIP数据核字第20244JM549号

王维传：青少插图版
WANGWEI ZHUAN QINGSHAO CHATU BAN

著　　者	夏　葳
责任编辑	顾客强
封面设计	果　丹
出版发行	民主与建设出版社有限责任公司
电　　话	（010）59417749　59419778
社　　址	北京市朝阳区宏泰东街远洋万和南区伍号公馆4层
邮　　编	100102
印　　刷	环球东方（北京）印务有限公司
版　　次	2025年1月第1版
印　　次	2025年3月第1次印刷
开　　本	880毫米×1230毫米　1/32
印　　张	7.5
插　　页	16
字　　数	186千字
书　　号	ISBN 978-7-5139-4783-1
定　　价	45.00元

注：如有印、装质量问题，请与出版社联系。

词秀调雅,意新理惬,在泉为珠,着壁成绘,一句一字,皆出常境。
——殷璠

味摩诘之诗,诗中有画;观摩诘之画,画中有诗。
——苏轼

文人之画,自王右丞始。
——董其昌